김영아

♦♦♦

그림책상담심리전문가. 독서치유심리학자. 상담심리전문가. 이화여자대학교에서 국문학을 전공하고 동 대학원에서 상담심리학 석사를, 서울기독대학교에서 기독교상담학 박사를 받았다. 이화여자대학교 평생교육원, 영남사이버대학교, 한세대학교 치유상담대학원에서 강의하며 후학을 양성했다.

한겨레 교육문화센터에서 여러 해 동안 수천 명과 함께한 독서치료교육(독서로 치유하는 내 안의 그림자)을 통해 '독서를 통한 마음치유'의 효능에 대한 확신을 얻었다. 현재 상담심리센터 '친:정'을 통해 많은 분의 마음 치유를 돕고 있으며, 부모와 직장인은 물론 유치원, 초·중·고등 교육 현장까지 그림책을 활용한 상담을 진행하고 있다.

저자는 열두 살에 기차에서 떨어지는 사고로 열두 시간에 걸친 대수술을 받아 기적적으로 살아났지만 사고 후유증으로 온전치 못한 몸을 갖게 되었다. 이후의 삶은 덤이고 축복이라 생각하며 '상처 입은 치유자'로서 힘겨운 삶을 살아가는 이들을 위로하는 일을 소명으로 삼고 있다.

저서로는 《마음을 안아준다는 것》, 《내 마음을 읽어주는 그림책》, 《놓치는 아이 심리 다독이는 부모 마음》, 《우는 법을 잃어버린 당신에게》, 《아픈 영혼 책을 만나다》, 《그만 아프기로 했다》, 《그림책으로 아이 마음 읽어주기 엄마 마음 위로하기》, 《나와 잘 지내는 연습》 등 다수가 있다.

온전히
몰입하는 시간

일러두기

이 책은 그동안 출간된 저자의 책을 엮은 것으로, 원문과는 약간의 차이가 있을 수 있습니다.

✦ **원하는 삶**을 살기 위한 **감각 되찾기** 100일 필사 ✦

온전히
몰입하는 시간

김영아

마음책방

김영아 저자의 책을 읽은 독자의 서평

"나의 인생에 점수를 매길 수 있는 사람은 오직 나 자신뿐이다. 왜냐하면 나의 인생은 누구의 것도 아닌 나의 것이기 때문이다." <119쪽>
이 문장을 보자마자 터져 나오는 울음을 참을 수가 없었습니다. 스스로를 너무나 하찮게 여기고 책망하던 지난날이 떠올랐기 때문입니다. 한참을 울고 나니, 나 자신이 다르게 보였습니다. 나는 지금도 충분히 멋지고, 꽤 근사한 사람이었습니다. 좋아하는 것도 많고, 잘하는 것도 많은. 김영아 교수님의 책을 통해 "네가 잘하는 것이 있다는 걸 잊지 마~ 지금도 충분히 잘하고 있어!"라는 위로를 받고 "더 멋진 내"가 아닌 "있는 그대로의 나를 바라볼 수 있는 눈"을 선물 받았습니다.
— 김혜림(37세)_《마음을 안아준다는 것》 읽고

"살다 보면 자기가 무엇을 가졌는지 정처 없이 헤매는 시간이 필요하지만, 현재를 열심히 살다 보면 어느 순간 깨달음처럼 삶의 의미를 찾게 된다." <236쪽>
'의미 없는 삶이란 없다. 의미 없는 인생이란 없다. 의미 없는 시간이란 없다. 현재를 열심히 살아가자! 과거의 나는 바꿀 수 없지만 현재의 나를 통해 미래의 나는 바꿀 수 있다!'
지금 저는 천천히 나만의 속도로 그림책심리성장연구소에서 차근차근 나만의 무언가를 만드는 중입니다.
― 이혜진(44세)_《우는 법을 잃어버린 당신에게》 읽고

"과거에 집착하지 않는 삶은 현재의 나를 회복했다고 말할 수 있다. 반대로 지금 불행한 삶을 산다고 느끼는 사람은 행복한 삶에 너무 높은 기준을 세우고 있는 경우가 많다." <79쪽>
실체도 없이 막연히 느끼고 겪어왔던 감정들을 책 속의 문장을 통해 다시 겪을 수 있었습니다. 책은 읽는다기보다 문장 하나하나를 겪었다는 표현이 맞을 것입니다. 하나의 문장이 평소 지녔던 미세한 감정들을 다시 경험하고 치유하는 힘이 있다는 걸 새삼 깨닫습니다.
― 허문화(56세)_《그만 아프기로 했다》 읽고

"유년의 아픔을 딛고 지금 여기에 살고 있는 모든 이들에게 같은 말을 하고 싶다. 그렇게 평생 위로하고 다독여주라고 권하고 싶다. '그럼에도 불구하고' 잘 자라온 자기 자신을." <224쪽>
그림책을 알게 되고, 심리학 곁을 서성이다가 내가 왜 이렇게 살았었는지 알게 되었습니다. 꽁꽁 묶어두고 잊고 싶었던 유년의 기억과 마음을 하나씩 풀어가게 되었습니다. 다 지나간 일이기에, 우리 아이들에게는 노력하는 엄마의 모습으로 기억되었으면 좋겠습니다. '나 하나 바로 서자!'를 매일 읊조려봅니다.
― 김혜영(44세)_《그림책으로 아이 마음 읽어주기 엄마 마음 위로하기》 읽고

"슬픔의 바다에 나의 슬픔도 한 방울 더 얹으면 함께 바닷물이 된다."
<287쪽>

그림책을 통해 지난날 혼자였던 수많은 시간과 그래서 외롭고 아파서 돌아갈 용기가 없었던 시간들을 함께, 같이 바라보도록 도와주었습니다. 토닥여주며 위로를 해주었고 슬프고 외로웠던 마음에게는 함께 눈물도 흘려주었습니다.

― 주범순(49세)_《마음을 안아준다는 것》 읽고

"내가 나로서 살아갈 때 비로소 삶은 진정한 웃음과 눈물, 그리고 행복을 가져다준다." <41쪽>

겉으론 촉촉해진 눈가를 손으로 훔치며, 마음으로 통곡했습니다. 내가 가여웠고 안쓰럽고 애처로웠습니다. 속 시원히 울어본 적이 있기는 했는지. 아이를 위해 시작한 그림책 심리학 공부는 지금 나를 위해 하고 있습니다. 내가 나를 응원하니 비로소 고통도 이겨낼 힘이 생겼고, 울기도 하지만 더 많이 웃고 있습니다.

― 서효주(45세)_《내 마음을 읽어주는 그림책》 읽고

"세상에서 가장 행복한 사람은 자기가 하고 싶은 일을 하는 사람이다."
<67쪽>

내가 지금 가는 길이, '이 방향이 옳은가? 제대로 가고 있나?' 의심이 들 때도 기준은 항상 나의 행복입니다. 내가 열정적으로 이 일을 하면서 나의 행복을 찾고, 주변 분들이 같이 성장하고 행복해하는 모습을 보면서 잘 살아가고 있다는 확신을 얻고 있습니다.

― 신선경(52세)_《마음을 안아준다는 것》 읽고

"어시장의 노인들의 한결같은 삶은 나를 숙연하게 한다. 성실한 하루하루가 층층이 쌓이고 그 사이사이에 땀이 배어 이루어진 인생은 어느 날 갑자기 반짝하고 솟아올라 언제 꺼질지 모르는 인생과는 비교할 수 없다. 화려하지 않아도 야무지고 견고하다." <75쪽>
내 인생이 갑자기 '반짝'하고 화려해지기를 원하지는 않습니다. 다만, 켜켜이 쌓인 눈물과 콧물, 땀방울이 쌓여 굽이굽이 돌고 도는 인생길을 언젠가 돌아볼 여유가 생기지 않을까 기대해 봅니다. 어시장 노인들의 한결같은 삶처럼 내 인생도 하루하루 층층이 쌓이고 땀이 배이고 '헉'하는 순간도 잘 견디고 넘어가길 바랄 뿐입니다.
- 김향란(55세)_《내 마음을 읽어주는 그림책》 읽고

"우리가 정말 두려워해야 할 것은 실패가 아니라 포기다." <67쪽>
덕분에 지금은 새로운 꿈에 도전하고 있습니다. 오늘도 할 일을 찾아 도서관을 기웃거리는 배고픈 하이에나는 읽을거리가 많은, 그래서 배울 거리도 많은 이 세상 속 참 행복한 하이에나입니다.
- 진 현(42세)_《마음을 안아준다는 것》 읽고

"어떤 일에 대해 항상 A라고 판단했던 것을 B로 해석할 수 있게끔 생각을 바꿔주는 누군가를 만날 수 있고, 그것이 인생의 전환점이 될 수 있다."
인생은 무수한 반복 경험을 통해 재설정할 수 있음을 이제는 압니다. 과거의 상처에 얽매이지 않고 지금 이 순간 인생의 전환점을 가지며 나아가고 싶습니다. 좋은 죽음, 후회 없는 죽음에 도달하는 그날까지.
- 하주은(44세)_《놓치는 아이 심리 다독이는 부모 마음》 읽고

글을 시작하며

가지 못했던 길에 대한
미련을 버리고

살아가면서 가끔은 내가 생각했던 '나'보다 더 나은 '나'를 만날 때가 있습니다. 어제는 그토록 힘들었던 갈등을 훌훌 털고 오늘 새롭게 한 걸음을 내디딜 때 그렇고, 풀리지 않는 문제로 고심하던 중에 무심코 마신 라떼 한 잔에 '그래, 조금 시간을 갖자'라고 마음의 여유를 선물할 때 그렇습니다.

최근에 아동문학가 다비드 칼리Davide Cali의 내한 연락을 받았습니다. 칼리와 함께하는 심리학 포럼이란 기획 의도가 좋아 흔쾌히 수락하고 포럼 전에 작품 분석에 대한 강의를 하기로 했습니다. 몇 권의 그림책에서 키워드를 잡고 자료를 준비하는 와중에 계속 밟히는 단어가 있었습니다.

'길', '기다림', 그리고 '이어짐'.

그 단어들을 곱씹을수록 내가 가지 못했던 길 위에 지금의 내가 가 있음을 알아차리게 되었습니다.

'왜 나는 자꾸 그곳에 미련을 느끼는 걸까?'

순간, 그동안 살면서 걸어왔던 '길'. 그 길 위에서 만났던 무수한 '나'. 그리고 '나'라는 내면에 똬리를 틀고 있다가 어느 순간 나를 주저앉히던 내 안의 괴물. 열등감과 수치심이란 이름의 괴물에게 끌려다니며 주저하고 망설였던 삶의 순간들이 떠올랐습니다.

지난 1987년 이어령 교수님의 기호학 연구 프로젝트에 나는 학부생으로 참여하게 되었습니다. 본관 교수님 연구실에서 일하고 나면 교수님, 선배님과 함께 원고를 수정하고 식사도 하면서 꿈 같은 시간을 보냈습니다. 무엇보다 그때 나는 가슴속에 '교수'라는 원대한 목표를 품게 되었던 것 같습니다. 그렇게 4학년 공부를 마쳤지만 집안 사정으로 대학원에 진학하지 못했습니다. '곧 돌아올 거야. 잠시면 돼'라고 자신을 위로했지만 나는 오래도록 학교로 돌아갈 수 없었습니다.

어느 여름날, 대전 모 서점에서 교수님을 만났습니다. 교수님은 살갑게 내 이름을 부르면서 "영아야, 네가 가는 길은 편하니? 한번 놀러 와라" 하며 내 두려움을 어루만져주셨습니다. 그러나 나는 수없이 망설이고 회피했습니다. 그러는 동안 교수님은 하늘의 별이 되셨습니다. 그때 내가 교수님 연구실로 찾아갔더라면 어땠을까요? '지금의 김영아'였다면 교수님과 후회 없는 멋진 해후를 했을지 모릅니다. 하다못해 내 지난 한 삶을 변명하며 투정이라도 부렸을 것입니다. 그러면 교수님은 그동안 각자 걸어온 길에 대해 응원의 에너지를 전해주셨을 것입니다.

안타깝게도 그때의 나는 비겁하게 도망만 다녔습니다. '일개 학부생인 내게 뭐 그리 관심이 있으셨겠나?' 하며 내 갈 길만 재촉했습니다. '나 같은 게? 내가 뭐라고' 이런 내 안의 생각은 삶의 곳곳에서 내 발전을 방해했고, 다시 되돌릴 수 없게 내 길을 막아버렸습니다. '용기'를 내야 할 때 뒷걸음질 치게 했고, 수많은 의미 있는 것들을 한낱 무용한 것으로 만들어버렸습니다.

그런 나를 일으켜 세운 것은 '사람'이었습니다. 그리고 '가르침'이었습니다. 결국 내가 교수님께 배운 깊은 분석의 힘과 심리학적 치유는 별개가 아니라 '김영아'에게서 통합된 또 하나의 학문이 되어 있었습니다. 그것이 대학이라는 공간에서 펼쳐지든, 삶의 현장에서 펼쳐지든, 가 닿는 곳이 교육의 장임을 깨닫게 해주었습니다.

그러는 동안 나는 여러 권의 책을 출간했습니다. 이번 필사집은 그 책들 안에 녹아 있는 아름다운 문장들을 선별하여 엮은 것입니다. 선별한 대부분의 문장은 십여 년간 함께 울고 웃으며 서로 힘을 주고받는 나의 제자이자 독자들이 마음에 새긴 것들입니다.

출간을 위해 원고를 읽으면서 낯익은 문장들을 다시 마주하니 그때는 몰랐던, 지금에야 비로소 알게 된 것이 있습니다. 열등감과 수치심으로 도망쳤던 길 위에 다시 서는 '용기'야말로 내 안의 괴물을 다스리는 명약이었다는 것을.

그래서 이제는 도망가지 않으려 합니다. 그 길 위에서 독자들이 하나하나 선정한 문장을 100일 동안 꾹꾹 눌러쓰며 힘을 기르려 합니다. 어른이 되었지만 마음은 미처 자라지 못한 어른아이들이 있다면 용기를 내어 그 길을 저와 함께 걸었으면 합니다. 오래전 잃어버렸던 '원하는 삶을 살기 위한 감각'을 되찾았으면 합니다. 마지막으로 저의 책들을 다시 읽고 인상 깊게 읽은 문장을 선별하여 보내준 독자분들의 노고에 진심으로 고마운 마음을 전합니다.

필사하기 전에

독서치유 심리학자 김영아 저자가
그동안 출간한 여러 책에서 독자들이 직접 선정한
'읽을수록 위로받고 나를 깨우치는 글 100편'을
필사집으로 엮었습니다.

거울 속 나를 들여다보듯 힘든 마음을 들여다보는 시간, 자신을 충분히 위로한 뒤 스스로를 다독이는 시간, 움츠린 마음을 펼 수 있게 도우며 마음을 성장시키는 시간, 온전히 내가 나일 수 있도록 몰입하는 시간…… 이 시간을 통해 하루에 한 번 흩어진 마음을 일으켜 세우고 위로와 재충전의 시간을 가지길 바랍니다.

종이에 글씨를 쓰는 게 오랜만인 분이라면 그리 길지 않은 글을 옮겨 적는 데도 손가락이 아파지는 걸 체감할 겁니다. 더디고 힘든 과정일 수 있지만 시간이 지나면 손글씨 쓰기도 조금씩 수월해지고 어느 순간 필사에 재미를 느끼게 될 것입니다.

읽고 필사하고 다시 읽어보세요. 흔들려도 괜찮습니다. 다시 쓰면 되니까요. 눈으로 손으로 온몸으로 읽어내는 이 책은 온전히 나에게 몰입하는 시간으로 여러분을 안내할 것입니다.

이렇게 써보세요!

- 필사하기 위한 장소가 따로 있는 것은 아닙니다. 아무에게도 방해받지 않는 조용한 곳이든 음악 소리가 들리는 카페 안이든 상관없습니다. 마음이 편안해질 수 있는 곳에서 이 책을 펼쳐보세요.
- 본문 오른쪽 필사 페이지는 독자들의 공간입니다. 필기 방향, 글씨 크기와 색깔 등 모두 자유롭게 활용해 보기 바랍니다.
- 어떤 필기도구라도 상관없습니다. 손에 익숙한 펜으로 시작해 보세요.
- 문장이 긴 꼭지의 글은 마음에 드는 부분만 골라 필사할 수도 있습니다.
- 〈생각쓰기, 실행쓰기〉는 필사하면서 느낀 감정과 생각, 더 나은 자신이 되기 위한 계획과 실행 방법 등을 적어보는 곳입니다.
- 쓰다가 마음에 드는 문장이 나오면 밑줄을 그어도 좋고 다양한 문구류로 꾸미는 것도 작은 기쁨이 될 것입니다.

차례

김영아 저자의 책을 읽은 독자의 서평 4
글을 시작하며 8
필사하기 전에 12

Day 001 / 022

마음을 들여다보는 시간

001	괜찮다 말해 주는 누군가	22
002	무기력이라는 깊은 늪	24
003	세상에서 가장 무서운 것은?	26
004	난 늘 혼자였어	28
005	그런 사람	30
006	누구에게도 닿을 수 없는	32
007	마음의 성장통	34
008	청춘으로 되돌아가고 싶지 않은 이유	36
009	가지 않은 길	38
010	흐릿해져 가는 나의 빛	40
011	죽은 삶	42
012	나는 엄마에게 잘못 온 아이일까	44
013	혼자만 불행한 것 같을 때	46
014	외딴방에 갇혀 우는 어린 나	48
015	세상 어디에도 없는 인간	50
016	불행이 필요해!	52
017	내가 선택한 가치	54
018	내 아픔을 관객으로 바라보면	56
019	인생의 기회	58
020	어떻게 당신을 용서할 수 있을까?	60
021	외로움의 갈무리	62
022	지금, 여기가 중요해	64

Day 023 / 049

다독이고 위로하는 시간

023	변하지 않는 단 한 가지	70
024	마음의 빗장	72
025	보상받으려는 사랑	74
026	너무 힘이 들 때	76
027	같은 파도와 바람을 느끼며	78
028	행복이 나만 피해갈 리 없지	80
029	빈 화분처럼	82
030	당신도 나만큼 아팠구나	84
031	마음을 안아준다는 것	86
032	네가 내게로 온 날	88
033	단절에서 연결로	90
034	손을 잡아주는 마음	92
035	게슈탈트 기도문	94
036	지금 여기에 살고 있는 나에게	96
037	함께 걷기	98
038	내가 누군가를 위로할 때	100
039	포기하고 싶은 순간이 올지라도	102
040	걱정을 사서 하는 사람들을 위한 처방전	104
041	그것으로 됐다	106
042	외모가 달라지면 인생이 달라질까?	108
043	상처의 객관화	110
044	지친 나에게 말 걸기	112
045	너는 나의 진통제	114
046	here & now	116
047	함께 바닷물이 되는 여행	118
048	삶에서의 실패	120
049	그럼에도 불구하고 잘 자란 우리들에게	122

Day 050 / 076

마음을 성장시키는 시간

050	내 삶의 주인은 나	128
051	나만 모르는 내 그림자	130
052	엉킨 실타래를 풀기 위해서는	132
053	현재에서 과거 만나기	134
054	감정은 또 하나의 인격	136
055	관계를 들여다보면	138
056	그 사람을 제대로 안 것이 맞을까?	140
057	내가 보는 나, 남이 보는 나	142
058	인생은 어떤 것이 되는 기회	144
059	해결의 열쇠	146
060	그 순간의 감각	148
061	주고받은 것의 크기	150
062	순리대로	152
063	이야기를 사랑하지 않을 수 없는 이유	154
064	연대와 연결	156
065	삶의 의미에 대한 탐구	158
066	진정한 용기	160
067	각자의 다름	162
068	자존감이라는 감정의 핵심	164
069	자존감을 높이는 몇 가지 숙제	166
070	디지털 다이어트가 필요하다	168
071	비움	170
072	새로운 습관을 만드는 21일의 법칙	172
073	무뎌진 감정의 촉 다듬기	174
074	열등감은 인간이 지닌 축복	176
075	고래에게 육지를 강요하지 않듯	178
076	삶은 나에게 무엇을 기대하는가	180

Day 077 / 100

온전히 몰입하는 시간

077	시선을 바꾸면 삶의 풍경이 달라진다	186
078	지금은 내가 주인이다	188
079	인생을 두 번째 사는 것처럼	190
080	믿어봐, 너는 찾을 수 있어	192
081	스스로에게 묻기	194
082	세상은 자기를 믿는 사람을 믿어준다	196
083	나 하나 바로 서는 것	198
084	내 인생의 중심	200
085	건강한 사람	202
086	나의 구원자	204
087	지금 당신에게 필요한 것	206
088	민들레는 민들레	208
089	자존감은 내 선택에 달린 문제	210
090	내 마음부터	212
091	최선이란 이런 것	214
092	주어진 삶에 대한 책임	216
093	아픔을 극복하는 첫걸음	218
094	이 무대의 주인	220
095	진짜 나를 찾을 때	222
096	진정한 내 모습	224
097	매주 매일 위대해지는 방법	226
098	나는 나를 믿는다	228
099	'자기만의 나'로 살기	230
100	기적의 순간	232

글을 마치며 234
이 책과 함께한 김영아의 출간 도서 237

Day
001
/
022

마음을
들여다보는
시간

100일 필사

마음을 들여다보는 시간

어느 누구도 자신의 이야기를 쉽게 털어놓지 않는다.
어색하기도 하고 어디서부터 어떻게 이야기를 풀어야 할지 방법을 몰라서 그러기도 하지만, 대개는 스스로에 대해 제대로 알지 못해서다. 심리학, 특히 상담심리학에서는 'here & now'를 무척 중요시한다.
지금 여기에서 내가 무엇을 느끼고 원하는지 아는 것은 자아를 인식하는 첫걸음이다.
하지만 그런 생각을 하면서 사는 사람은 많지 않다.
상담은 지금 여기에 있는 나를 시작으로 아무도 모르는 나, 하나뿐인 나를 찾아가는 과정이기도 하다. 그 과정은 그리 순탄치 않다. 첫날도 그렇지만 두 번째 상담도 핵심을 비켜간 이야기를 나누기 일쑤다. 자신의 마음을 있는 그대로 보고 다른 사람에게 그것을 보여주기까지 걸리는 시간은 저마다 다르다. 그동안 내담자들은 본인의 감정을 숨기거나 왜곡하고, 합리화하기도 한다.

왜 그토록 많은 사람이 자신에 대해 알지 못할까?
가족치료로 유명한 심리학자 보웬은 이를 '자아분화'라는 말로 설명한다. 자아분화란 생각과 감정을 구분하고 타인과의 관계에서 자신을 분리시킬 수 있는 능력이다. 분화되지 못한 사람은 심리적으로 안정되어 있지 않으며 대인관계나 감정조절에 미숙하다. 보웬은 특히 부모와 자녀 사이의 미분화를 지적하는데, 이는 우리 사회에서 자주 발견할 수 있는 현상이다.

어른임에도 불구하고 사실은 아이와 같은 사람이 참 많다.
누구든 일정한 나이가 되면 부모에게서 정서적으로 독립하고 본인의 정체성을 찾아야 하는데, 부모의 욕심이나 사회 환경 때문에 그 과정이 소홀히 여겨지고 있다. 그러다 보니 몸만 자라 '어쩌다 어른'이 된 사람들은 뒤늦게 좌충우돌하는 것이다.
우리는 모두 부모에게서 태어나고 부모가 해준 음식을 먹고 자란다. 헌데 음식만이 아니라 엄마와 아빠가 버무려놓은 한 가정의 정서와 태도, 문제 해결력 등 수많은 것을 함께 섭취한다. 심리학에서 가계도가 중요한 이유다. 개인의 성격과 가치관이 형성되는 데 있어 가족관계가 굉장히 큰 영향을 끼치기 때문이다.

저마다 자신의 원가족으로부터 섭취한 것이 다르다. 심지어 사랑의 방식마저도 그렇다. 그러니까 한 사람과의 만남을 그냥 단순하게 해석해서는 안 된다. 누군가가 온다는 것은 그 사람의 어린 시절인 과거와 그 과거를 바탕으로 한 현재, 그리고 그 사람이 나아갈 미래까지 함께 오는 일이다.

자신의 마음을 가만히 들여다보자.
혹여 분노나 설움 같은 것이 고여 있지는 않은가. 마음을 읽었다면 거기에 생각을 얹어보자. 감정과 사고를 분리하는 것이다. 이 감정이 어디로부터 온 것인지, 그 감정은 내게 어떤 영향을 미치며 어떻게 거기에서 벗어날 수 있을지, 이러한 과정을 통해 비로소 치유가 이루어진다.

― 내 마음을 읽어주는 그림책_'프롤로그' 중에서

001
Day

괜찮다 말해 주는 누군가

밑도 끝도 없이 내 마음을 이야기할 때
묵묵히 어깨 토닥이며
'괜찮다'라고 말해 주는 누군가가
왜 이렇게 간절한 걸까.

사람은 누구나 자기에게
'그런 사람'이 있어 주기를 바란다.
내 주변에 그런 사람이 없다면
내가 먼저 누군가에게 그런 사람으로
손을 내밀어보자.

• 마음을 안아준다는 것 _ 142~144쪽

따라쓰기

생각쓰기

실행쓰기

002
Day

무기력이라는 깊은 늪

"어제가 그제 같고, 오늘이 어제 같아.
내일도 오늘 같을 거라면
그냥 아침에 눈 뜨고 싶지 않아."

보통 무기력한 사람이라고 하면 우리는 '아무것도 하지 않은 채 널브러져 있는 사람'을 떠올린다. 방 안에만 틀어박혀 있거나 갖가지 활동을 거부하는 것이 무기력한 사람들의 모습이라고 생각하기 쉽다.
그러나 자신에게 주어진 일, 그중에서도 특히 창의적인 사고가 필요한 일을 단순히 기계적으로만 처리하는 것 또한 무기력한 태도의 한 측면이라고 볼 수 있다.

• 그만 아프기로 했다_22~23쪽

따라쓰기

생각쓰기

실행쓰기

003 Day

세상에서 가장 무서운 것은?

이 물음에 '외로움'이라고 대답하는 것이 인간이다.

사람은 종종 자신의 내면을 가만히 들여다본다. 자기가 어떤 존재인지 알고 싶어 한다. 과연 산다는 건 무엇일까 무섭기도 하다. 이런 무서움을 같은 마음으로 나눌 사람이 주변에 없을 때 사람은 외롭다.

아무리 생각해도 크게 잘못한 건 없는 것 같은데 그것을 이해해 주는 사람이, 그런 이야기를 편히 나눌 사람이 없다. 생각해 보면 내가 한참 못났고, 뭘 몰랐던 것 같기도 하다. 어쨌거나 많이 지쳐서 이젠 누구라도 내 손을 좀 잡아주었으면 싶다. 내가 잘못해서 그런 건 아니라고 말해 주는 이가 있었으면 싶다.

• 괜찮아, 아직 청춘이잖아! _12~13쪽

따라쓰기

생각쓰기

실행쓰기

004 Day

난 늘 혼자였어

구내식당에서 혼자 밥을 먹을 때
유쾌한 모임에서 슬그머니 빠져나와
버스 정류장으로 걸어갈 때
핸드폰 전화번호 목록을
ㄱ에서 ㅎ까지 두 번이나 연속 훑고 나서도
번호 누를 사람이 없을 때
…… 내가 잘못 산 걸까?

모르겠어. 그냥 외로워.
부모님은 부모님 방에 계시고
동생은 자기 방에 있고
나는 내 방에 있는데
세상에 아무도 없는 것만 같아.

● 괜찮아, 아직 청춘이잖아! _ 13~19쪽

따라쓰기

생각쓰기

실행쓰기

그런 사람

누구나 내면에는

아름답고 선한 것을

그리워하는 마음을 갖고 있다.

고결한 씨앗을 가지고 있다.

그 씨앗을 보아주는 사람

그 씨앗을 믿고 기다려주는 사람

사람은 누구나 자기에게

'그런 사람'이 있어 주기를 바란다.

어느 하늘 아래 가만히

내 아픔을 들어줄

한 사람이 있어 주기를 바란다.

• 마음을 안아준다는 것 _ 143~144쪽

따라쓰기

생각쓰기

실행쓰기

006
Day

누구에게도 닿을 수 없는

무작정 타인과 어울리는 것이 해결책은 아니다. 문제는 고립 자체가 아니라 그것을 다루는 방식일 것이다. 어쩌면 외로움에 몰입하고 동행하는 것이야말로 외로움을 극복하는 가장 근본적인 방법인지도 모른다.

근원적인 감정인 외로움과 달리 사회적 고립은 하나의 현상임을 명심해야 한다. 외로움은 늘 있는 것인 데 반해 고립은 길어질수록 점점 손쓸 수 없는 상황으로 치닫게 된다. 고립이 계속되면 아무에게도 닿을 수 없는 절망적인 상태가 되고, 절망에 빠지면 자칫 삶에 대한 의지가 사라진다. 철학자 키에르케고르는 《죽음에 이르는 병》에서 절망이야말로 죽음에 이르는 병이라고 말했다. 고립과 죽음은 이렇게나 가깝다.

- 그만 아프기로 했다 _ 34쪽

따라쓰기

생각쓰기

실행쓰기

007 Day

마음의 성장통

융은 개인 무의식과 집단 무의식을 넘어서 인간이 가야 할 길을 '개성화'라는 단어로 설명한다. 융을 통해 우리는 평소에 페르소나를 쓰고 있으며, 열등하다는 것을 알게 되었다. 프로이트식으로 말하면 나와 '직면'한 것이다. 그런데 이 직면은 절대로 쉽지 않다. 고통이 따르고 도망치고 싶다.

융은 자신을 직면했을 때 느끼는 아픔, 자기를 증명하면서 겪는 아픔을 병이라고 보았다. 자아가 무의식과 합쳐지는 과정에서 겪는 재조정 상태를 일종의 몸살, '맘살'이라고 본 것이다. 이것은 인간이 건강한 삶을 향해 가는 일종의 성장통이다.

융은 이야기한다. "중년의 위기란 사실 위기가 아니라 일종의 자기 치유 과정"이자 "마음의 균형을 찾으려고 하는 시도"라고.

• 우는 법을 잃어버린 당신에게 _ 79~80쪽

따라쓰기

생각쓰기

실행쓰기

008
Day

청춘으로 되돌아가고 싶지 않은 이유

일이 잘 풀리지 않는 청춘의 고민이란 대개 이렇다.
그 자체로는 세상의 젊은이들 누구나 겪는
한때의 시련이면서,
시련을 겪는 순간만큼은
독방 감옥에 갇힌 사형수처럼
외롭고 막막하다.
세상이 만만치 않다 싶고
나만 못난 건가 싶어 쓸쓸한 마음이 든다.
잠깐 오기가 반짝이지만 이내 시들해진다.
그런 자신이 화나고 슬프다.

● 괜찮아, 아직 청춘이잖아! _121쪽

따라쓰기

생각쓰기

실행쓰기

009 Day

가지 않은 길

노란 숲속에서 바라보는 숲은 두 갈래 길을 품었다. 나는 두 길을 다 갈 수 없기에 선택해야만 했다. 그리고 남겨둔 길에 대한 미련과 '내가 남겨둔 거지 가지 못한 게 아니다'라고 애써 외면하는 허세를 남긴다.
남겨둔 길에 대한 동경과 미련을 접지 않으면 우리는 지금 가고 있는 길에 대한 최소한의 예의를 갖출 수 없다. 그래서 시는 마지막 연에 이렇게 다시 말하고 있다.

오랜 세월이 흐른 다음
어디선가 한숨을 쉬며 나는 이야기하겠지요.
숲속에 두 갈래 길이 있었다고,
나는 사람이 적게 간 길을 택하였고
그로 인해 내 운명이 달라졌다고…….
— 프로스트 Robert Frost

- 마음을 안아준다는 것 _ 157~158쪽

따라쓰기

생각쓰기

실행쓰기

010
Day

흐릿해져 가는 나의 빛

우리는 모두 고유의 빛을 지니고 있지만 자신의 빛을 보지 못한 채 다른 누군가를 선망하거나 모방하기도 한다. 자신에게 어울리지 않는 색으로 물들어 가다 보면 자신의 빛은 점점 흐릿해지고 결국엔 보이지 않게 된다. 이런 '나'로 사는 것이 과연 행복할까.

그렇게 살아가는 것이 옳고 그름의 문제가 아닌, '자기 자신의 가치를 알고 행복할 수 있느냐'이다. 우리의 색은 과연 무엇인지, 혹시 다른 누군가의 색으로 물든 것은 아닌지 생각해 볼 일이다.

- 우는 법을 잃어버린 당신에게 _ 197쪽

따라쓰기

생각쓰기

실행쓰기

011
Day

죽은 삶

마음으로 무엇인가를
열망하고 추구하고 꿈꾸는 법을 잊어버린 삶
아무것도 기다리지 않는 삶
무엇인가를 위해 꼬박 밤을 새우는 열정도
가슴 저 밑에서 뿌듯함이 올라오는 감동도 없는 삶
성취하고 싶은 목표가 없는 삶은 죽은 삶이다.
허무는 별 게 아니다.
꼭 하고 싶은 일이 없으면 그게 허무다.

- 아픈 영혼, 책을 만나다 _ 119쪽

따라쓰기

생각쓰기

실행쓰기

012 Day

나는 엄마에게 잘못 온 아이일까

사람은 누구나 이해받고 싶어 한다.
아이들 역시 마찬가지다.
엄마가 아이를 이해하려 하지 않고
어른의 시선으로 아이의 행동을 판단하고 평가할 때
아이는 누구에게도 이해받지 못한다는
생각을 하게 된다.

엄마가 나를 이해하지 못하는 것은
곧 세상이 나를 이해하지 못하는 것과 같다.

- 그림책으로 아이 마음 읽어주기 엄마 마음 위로하기 _ 57, 58쪽

따라쓰기

생각쓰기

실행쓰기

013 Day

혼자만 불행한 것 같을 때

세상의 모든 불행이
모두 나에게만 일어나는 것 같은
인지적 왜곡에 집중하다 보면
불행은 더욱 깊고 커질 수밖에 없다.
나만 불행하고 저쪽 끝에 행복한 타인들이 있는 것처럼
불행과 행복은 양쪽 극단에 있을 것 같지만
바로 옆에 붙어 있을 수도 있다.
누군가의 죽음에서 삶을 보고
삶에서 죽음을 보듯이 말이다.

"인간은 사건 자체가 아니라 그 사건을
어떻게 생각하는가에 따라 고통받는다."
- 에픽테토스 Epictetos

• 우는 법을 잃어버린 당신에게 _ 172~177쪽

따라쓰기

생각쓰기

실행쓰기

014
Day

외딴방에 갇혀 우는 어린 나

상처로 구멍 뚫린 가슴은 채워지는 형식을 통하지 않으면 완전히 치유되지 않는다. 채워내야만 마음속에서 여전히 외로워하고 있는 어린아이의 슬픔을 달랠 수 있다. 상처 입은 사람들이 머리로는 이해하는데 가슴으로 받아들이지 못하는 것은 현실의 이성적 자아 저 안쪽에 '상처 입은 그 순간'의 옛 자아가 고스란히 남아 있기 때문이다. 그 옛 자아는 지금 나와는 별개의 인격체다. 이해하는 건 지금의 나일 뿐이다. 지금의 내가 자유로워지려면 옛 자아를 달래주어야 한다. 지금 나는 옛 자아의 어머니인 것이다.

"할 수 없을 것 같아요. 이미 다 지난 일이잖아요."
"아니요. 지나지 않았어요. 자기 안에 있는 자신에게 물어보세요."

- 아픈 영혼, 책을 만나다 _ 36~37쪽

따라쓰기

생각쓰기

실행쓰기

015 Day

세상 어디에도 없는 인간

인간은 누구나
'내가 원하는 모습의 나'만을 보고 싶어 한다.
멋지고 똑똑한 나, 너그럽고 상냥한 나,
선한 마음을 가진 나…….
그러나 완벽한 인간은 세상 어디에도 없다.
누구에게나 '부족한 나'의 모습이 반드시 있게 마련이다.
속 좁은 나, 부끄러운 생각과 행동을 하는 나,
아는 척하고 싶고 잘나 보이고 싶은 나…….
그런 '나'를 바라보는 일은 고통스럽다.

- 내 마음을 읽어주는 그림책 _ 111쪽~112쪽

따라쓰기

생각쓰기

실행쓰기

016
Day

불행이 필요해!

열등감을 무기 삼아 자신이 얼마나 힘든지를 끊임없이 토로하며 자신을 보호해 달라고 하는 경우, 열등감 자체를 첨예화시켜 특이한 우월감에 빠진 상태를 심리학에서는 '불행 자랑'이라고 한다.

성장 과정에서 자신이 겪은 불행을 자랑하듯 말하는 사람, 병에 걸리거나 다친 이야기를 늘어놓는 사람, 불행을 내세워 남보다 우위에 서려는 사람. 이런 '불행 자랑'은 그 사람을 영원히 불행이 필요한 사람으로 만들어 버린다.

상대방보다 우위에 서기 위해 불행을 내세우는 '우월 콤플렉스'에 빠지면 자신을 과대평가하거나 과잉 보상을 추구하면서 현실적 자기를 무시하고 이상적 자기와 혼동해서 살아가게 한다.

• 우는 법을 잃어버린 당신에게 _ 106~107쪽

따라쓰기

생각쓰기

실행쓰기

017 Day

내가 선택한 가치

어느 날 나치들은 감자를 훔친 수감자가 누군지 밝혀내지 않으면 수감자 전원을 24시간 동안 굶기겠다는 협박을 한다. 아마 지금 24시간 굶으라고 하면 배는 고프겠지만 못 참을 정도는 아닐 것이다. 그렇지만 이미 죽을 만큼 허기진 아우슈비츠 수감자들에게 한 끼는 그냥 한 끼가 아니다. 생존과 직결된 문제다. 그런데 한 끼도 아닌 24시간 배급 제한이다.

수감자들은 감자를 훔친 사람이 누군지 알고 있었지만, 누구도 그 사실을 발설하지 않는다. 모두 모여 "전쟁은 곧 끝날 것이고 우리는 모두 각자 집으로 돌아가 가족들과 예전처럼 지낼 수 있을 것"이라는 희망의 이야기를 나누며 밤을 보낸다.

도스토옙스키는 "고통이 있는 것은 참을 수 있다. 하지만 나의 고통이 가치 없어지는 것은 참을 수 없다"라고 했다.

• 우는 법을 잃어버린 당신에게 _ 220~221쪽

따라쓰기

생각쓰기

실행쓰기

018
Day

내 아픔을 관객으로 바라보면

내 아픔에 관객이 돼보자.
남의 아픔처럼 바라보자.
주변 사람의 일상을
무대에 선 배우들의 충실한 역할처럼 바라보자.

그렇게 관객의 마음으로
모든 것을 '물끄러미' 바라보기만 하다가
누구나 다 비슷한 삶을 살고 있다고 생각될 때쯤
문득 자기 자신을 돌아보자.

거기에는 어떤 사람이 서 있을까?

• 마음을 안아준다는 것 _ 251쪽

따라쓰기

생각쓰기

실행쓰기

019
Day

인생의 기회

상담사의 길을 걷거나 상담심리학을 공부하는 사람들 중 상당수가 흔치 않은 아픔을 겪었다는 사실은 주목할 만한 점이다.

환자였던 사람이 가장 좋은 의사가 된다. 마음에 있어서나 몸에 있어서나 아픔은 아파본 사람만이 깊게 공감할 수 있는 것인가 보다.

시련에 휘둘릴 때는 감정적인 결정을 내리지만, 그것을 지켜볼 때는 이성적인 선택을 하게 된다.

- 그만 아프기로 했다 _ 240~244쪽

따라쓰기

생각쓰기

실행쓰기

020 Day

어떻게 당신을 용서할 수 있을까?

1. 자신의 감정을 솔직히 인정하자.
2. 복수하려는 마음을 버리자.
3. 상처받은 사실에 매달리지 말자.
4. 더는 학대받지 않도록 자신을 방어하자.
5. 가해자를 가해자의 입장에서 보자.
6. 상처받은 일에 자신의 잘못은 없는지 정직하게 살펴보자.
7. 일어난 일에 대해 거짓 상상을 하지 말자.
8. 가해자를 그의 잘못과 분리해 좋은 점과 나쁜 점을 비교 검토하자.
9. 가해자와 어떤 관계를 원하는지 조심스럽게 결정하자.
10. 실패한 자신을 용서하자.

— 재니스 A. 스프링 Janis A. Spring

- 마음을 안아준다는 것 _ 210~211쪽

따라쓰기

생각쓰기

실행쓰기

021 Day

외로움의 갈무리

"결국은 혼자였어요. 저는, 그렇게 찾아나서는 태양도 결국은 저만의 것이 아니었으니까요. 그 태양 또한 나만 오롯이 비춰줄 수 없고, 나의 허전하고 힘든 마음, 외로움, 공허함을 모두 채워줄 수 없었어요."

나에게 딱 맞는 누군가를 찾아 내가 완전히 외롭지 않게 될 수 있다면 이 세상 모든 커플을 '함께여서 외롭지 않은 두 사람'과 '그렇지 않은 두 사람'으로 나누어도 될 것이다. 하지만 우리는 어쩌면 단 한 사람도 빠짐없이 모두가 외롭다. 인간은 근원적으로 외로운 존재니까. 다만 그 외로움을 어떻게 내 성장의 디딤돌로 삼는가, 그것에 차이가 있을 뿐이다.

나만을 비춰줄 태양 같은 사람, 내 삶을 따듯하게 비춰줄 유일한 창구를 찾아 외로움을 극복하기보다는 내 외로움을 어떻게 내가 갈무리할지 고민하고 답을 찾는 것이 더 현명한 길일 것이다.

- 내 남자의 그 여자 _ 47~50쪽

따라쓰기

생각쓰기

실행쓰기

022 Day

지금, 여기가 중요해

남에게 과거의 상처를 말하고 안 하고가 본질이 아니다. 과거로 끌려 들어가지 말고 현재에서 과거를 풀어야 한다는 뜻이다.
그러기 위해서는 '지금', '여기'의 상황이 중심이 되어야 한다. 그것이 지혜이고 자기 자신과의 진정한 맞대면이다. 이때 지혜가 또 필요한 건 주변 사람들이다.
고백에 대하여 진심으로 그 사람 마음이 되고 편이 되어주는 태도가 필요하다. 함께 공감해 주는 따뜻한 배려가 필요하다.
사람들은 지금 여기에서 아프고, 위로해 줄 이들도 지금 여기에 있는 사람들이다.

- 마음을 안아준다는 것 _233쪽

따라쓰기

생각쓰기

실행쓰기

Day
023
/
049

다독이고
위로하는
시간

/

100일 필사

다독이고 위로하는 시간

개인이든 집단이든 상담에 참여한 사람들이 닫혀 있던 마음을 조심스레 열고 서서히 자신을 개방하면서 지금까지 해결하지 못했던 내면의 심리적 문제가 그동안 자신에게 어떤 영향을 주고 있었는지를 확인하고 깨닫는 순간을 곁에서 지켜본다는 것은 정말 가슴 벅찬 감동이다.
마치 조금씩 알을 깨고 나오는 새 생명을 보는 듯하다.

나를 만나는 여행

상담에서 '나'를 찾아가는 과정이 무엇보다 중요하다는 것을 강조하기 위해 내세운 컨셉이다. 집단상담 6회기 중에 4회기 정도 되면 내담자들은 서로에 대한 탐색기를 거쳐 어느 정도 응집력을 발휘한다. 더 나아가 집단에 대한 친밀감이 생기면서 '좀 더 나의 내밀한 아픔을 내놓아도 될까?', '내가 이런 말을 하면 이상하게 생각하지 않을까?' 하는 망설임도 사라지게 된다.
상담하는 동안 자신의 마음을 솔직하게 표현하다 보면 재혼한 엄마가 힘들어할 거라는 생각 때문에 감정을 눌러야 했던 어린아이가 어느 순간 소녀가 되고 숙녀가 되고 엄마가 되고 중년이 되어 있다. 다시 말해 어린 시절의 상처로 자신을 고통 속에 가둔 채 가면 뒤에 숨어야 했던 진짜 '나'를 찾아 세상 밖으로 나오는 것이다.
집단상담에 참여한 수선화 님은 어느 정도 살 만한 형편에다 세상에 특별한 것 없다고 느끼는 나이가 되었는데도 가끔 치솟는 알 수 없는 감정이 있다고 한다. 그 감정이 진짜 내 감정인지 아닌지 몰라서 힘들다고 토로했다. 그 내용이 범상치 않음에도 한 번도 웃음을 잃지 않는 수선화 님에게 이상 신호가 감지되었다. 자신의 감정 상태를 모르는 것을 넘어서 그 감정과 함께 드러나는 표정이 불일치하다는 것을 스스로 감지하지 못하고 있어서다.

말을 할 때 자기 얼굴을 보면서 말하는 사람은 드물다.

수선화 님 역시 마찬가지였다. 그러다 온라인 집단상담을 통해 모니터에 보이는 자신의 표정을 처음으로 정확하게 본 것이다. 그제야 털어놓는 긴 독백 끝에 급기야 수면 밑에 가라앉아 있던 서러움과 억울함이 올라와 눈물을 쏟아냈다. 그 순간 묵묵히 수선화 님의 이야기를 들으며 함께 아파했던 다른 집단원의 아픔이 어우러지고 또 다른 집단원의 아픔이 얹어지면서 서로를 향한 토닥임과 기꺼운 응원, 따듯한 위로가 덧입혀지기 시작했다.

그 모습을 지켜보면서 이들이 '훨씬 이전에 지금처럼 마음을 안아주는 누군가를 만났다면 얼마나 좋았을까?' 하는 안타까움이 밀려왔다. 그러면서 한편으로 한 사람 한 사람이 참 귀하다는 생각이 들었다.

"더는 도망치지 않고 담담하게 자신을 만나려고 여행길에 오른 한 분 한 분이 참 귀하구나."

"그들의 여린 가슴에 남은 아픔의 상흔을 잘 매만져가도록 돕는 나 역시 귀하구나."

"지금-여기서 '너'와 '내'가 함께하고 있음이 정말 감사한 거구나."

그렇게 뻐근하게 조여오는 가슴을 달래며 스스로 자신의 마음을 안아주는 참 귀한 시간을 경험했다.

― 마음을 안아준다는 것_'글을 시작하며' 중에서

023 Day

변하지 않는 단 한 가지

과거의 것들이
현재의 '나'를 아프게 하고
한 걸음도 떼지 못하게
발목을 잡는다면
과감하게 멈춰 서서
결단을 해야 한다.
오늘이 내 미래의
과거이기 때문이다.

외면하고 싶을 정도로
힘겨운 오늘도 있지만
어떤 오늘이라도
변하지 않는 단 하나의 사실은
우리의 오늘이
소중하다는 사실이다.

• 놓치는 아이 심리 다독이는 부모 마음 _ 7~8, 96쪽

따라쓰기

생각쓰기

실행쓰기

024 Day

마음의 빗장

속마음은 표현하지 않으면 상대에게 닿을 수 없다. 내 마음에 악의가 없고 상대를 최대한 배려했음에도 상대가 그 뜻을 오해한다면 그건 내 선에서 해결할 수 있는 문제가 아니다.

내 마음이 제대로 전해지지 않아서, 상대의 마음을 전부 헤아리지 못해서 주고받는 상처들이 종종 나를 아프게 한다. 나는 진심을 전하려고 애쓰지만 그 진심을 몰라주는 사람들이 있다. 더욱이 자신의 진심을 숨기고 전혀 다른 말을 하는 사람들도 있다.

그러나 그때마다 마음에 빗장을 건다면 어느 누구와 진심을 나눌 수 있겠는가. 여전히 나에게 따스하게 스며드는 사람들이 많기에 나는 또 겁 없이 타인에게 다가간다. 그들의 마음도 나와 다르지 않기를 간절히 바라면서.

- 내 마음을 읽어주는 그림책 _ 50~51쪽

따라쓰기

생각쓰기

실행쓰기

025 Day

보상받으려는 사랑

'동반의존'이란 말이 있다. 사람은 누구에게나 의존되어 살아간다. 그러나 이 의존이 상호적인 협동이 아니라 일방적으로 어떤 원인에 의해서 일어나는 것일 경우 서로에게 역기능으로 작용할 수 있다. 말하자면 내면의 깊은 공허감을 가진 누군가가 그것을 채우려는 시도로 상대방에게 집착하는 것을 말한다.

동반의존 관계에서는 필요를 충족시키려는 일환으로 '통제'와 '조종'을 사용하다가 필요가 채워지지 않을 때는 '경멸'과 '애증'의 관계로 이어진다. 이것은 참된 이타적 사랑과는 반대되는 것으로, 쟁취하고 보상받으려는 사랑을 베푸는 것이다.

● 괜찮아, 아직 청춘이잖아! _ 61~62쪽

따라쓰기

생각쓰기

실행쓰기

너무 힘이 들 때

삶은 연극이 아니라 현실이다. 우리는 연기자가 아닌 제작자가 되어야 한다. 아무도 대본을 건네주지 않는다. 어떻게 해야 할지 귀띔해 주지도 않는다. 자기 삶은 자기가 직접 만들어 나가는 수밖에 다른 도리가 없다.

그래도 현실에 발을 내딛기가 어렵다면 주변에 누구 한 사람에게라도 부탁을 해보자. 그냥 아무 조건 없이 나를 지지해 달라고. 그냥 내 말에 고개를 끄덕여만 달라고. 꼭 가까운 사이가 아니어도 좋다. 너무 힘이 들 때는 지나가는 사람의 따듯한 한마디 말에도 왈칵 눈물이 나듯 거절이 익숙한 사람에게는 "그래"라는 수락의 말 한마디가 응원이 되기도 한다.

- 내 마음을 읽어주는 그림책 _ 174~175쪽

따라쓰기

생각쓰기

실행쓰기

027
Day

같은 파도와 바람을 느끼며

인간은 분명 섬인지 모른다. 망망대해에 흩어진 채 아무리 애써도 결코 하나가 될 수 없는 고독한 존재다. 그러나 섬은 모두 같은 바다 위에 떠 있다. 파도는 이 섬에 부딪쳤다가 저 섬에 부딪친다. 이곳에서 불었던 바람은 다시 저곳에서 분다. 크고 작은 섬들은 하나의 바다에서 그렇게 같은 파도와 같은 바람을 느낀다.

아무도 곁에 없다는 생각을 떨쳐내기 힘들 때 이 사실을 상기하는 것이 어떨까? 내가 겪고 있는 외로움을 또 다른 누군가가 함께 겪고 있음을.

- 그만 아프기로 했다 _ 34~35쪽

따라쓰기

생각쓰기

실행쓰기

028 Day

행복이 나만 피해갈 리 없지

예전에 이어령 교수님의 기호학 수업에서 다음과 같은 내용을 배운 적이 있다. '나는 사과를 먹는다'처럼 '나는 OOO을 먹는다'라는 문장에 OOO을 바꿔 넣어 '나는 하늘을 먹는다', '나는 꿈을 먹는다' 등으로 확장하다 보면 은유가 탄탄한 문학적 문장을 만들 수 있다는 내용이었다.

그러고 보니 '불행이 나만 피해갈 리 없지'를 '행복이 나만 피해갈 리 없지'로 바꿔 생각해 볼 여지가 있다. '부정적인 것이 나를 피해갈 리 없다'로 인지한 부분을 긍정적인 것으로 바꾸어 보니 꽤 편안하게 다가오고 '사랑이 나만 피해갈 리 없지'로 넓어질 쯤에는 마음이 따듯해지기까지 한다.

• 우는 법을 잃어버린 당신에게 _ 172~173쪽

따라쓰기

생각쓰기

실행쓰기

빈 화분처럼

올바른 가치를 번거로운 것으로 치부하는 세상에서 홀로 정도를 지키며 살기란 얼마나 힘든 일인가. 정직하고 성실하게 살아왔으나 아무것도 남은 게 없는 것 같은 인생 앞에서 선량한 사람들은 황폐한 사막 한가운데 서 있는 듯한 쓸쓸함을 떨쳐내지 못할 것이다.

그러나 당신의 화분은 텅 빈 것이 아니다. 정성의 결과가 눈에 보이지 않더라도 당신은 거기에 진실을 담은 것이다. 그것은 누가 봐도 높이 살 만한 일이며, 당신은 잘못 살지 않았다.

- 내 마음을 읽어주는 그림책 _ 80, 81쪽

따라쓰기

생각쓰기

실행쓰기

030 Day

당신도 나만큼 아팠구나

이유가 명확하지 않은 갈등은 해결책도 쉽게 보이지 않는다. 그러나 이유 없는 갈등은 없다. 저마다 마음 어딘가에 또렷한 이유가 깊이 감추어져 있을 뿐이다. 그것을 들여다보면 상대도 나만큼이나 아픈 상처를 갖고 있다는 것이 보인다. 어떤 관계이든 상대의 욕망과 상처를 이해하는 일에서부터 진정한 만남이 시작된다.

사람들은 "상처 없는 영혼이 어디 있으랴"라는 랭보의 시 구절에 공감한다. 또 사람은 누군가 자기 상처를 알아주기를 바란다. 상처를 이해받는 순간 짐승 같던 사람도 대번에 순해진다.

• 아픈 영혼, 책을 만나다 _ 66~67쪽

따라쓰기

생각쓰기

실행쓰기

031 Day

마음을 안아준다는 것

누군가의 이야기를 들으며 함께 아파하고 또 다른 이의 아픔이 얹어지면서 서로를 향한 토닥임과 기꺼운 응원, 따듯한 위로가 덧입혀지기 시작한다.

누구나 그렇듯이, 그들도 자기 삶에서 파생된 문제를 나름대로 해석해서 풀어보려고 노력했다. 단지 그 방법의 표현이 달랐을 뿐이다. 그 과정에서 의도치 않게 상대방에게 상처도 입히고, 자신도 고통 속에서 살아야 했다.

마음을 안아준다는 것은
묵묵히 곁에서
'나'를 찾아가도록 도와주는 일이다.

• 마음을 안아준다는 것 _ 7~9쪽

따라쓰기

생각쓰기

실행쓰기

032 Day

네가 내게로 온 날

그림책 《네가 태어난 날엔 곰도 춤을 추었지》는 온 세상이 아기의 탄생을 축하하는 내용이다. 많은 엄마가 이 책을 읽으며 아기가 태어난 때를 떠올린다. 아이가 처음 미소 지을 때, 비틀거리며 일어서고 작은 발을 내디뎠을 때, 처음 엄마라고 발음했을 때……. 아이를 키우면서 힘든 일도 많지만 많은 사람이 그걸 감내하는 이유는 하나다. 그만큼 행복도 크기 때문이다.

나는 이 책을 읽는 엄마들이 놓치기 쉬운 이야기를 해주고 싶다. 당신의 아이뿐만 아니라 당신 또한 세상의 축복을 받을 만한 존재라고. 만일 지금껏 부모에게 사랑받지 못했다면, 그리고 자기 자신을 사랑하지 못했다면, 아이가 태어난 날, 나 또한 다시 태어났다고 생각하자. 마음껏 축복받고 또 사랑받자. 당신은 충분히 사랑받을 수 있는 사람이다. 그리고 나를 가장 많이 사랑해 줄 수 있는 사람은 바로 나 자신이다.

• 그림책으로 아이 마음 읽어주기 엄마 마음 위로하기 _ 132~133쪽

따라쓰기

생각쓰기

실행쓰기

033 Day

단절에서 연결로

사람은 다른 사람들 사이에서 존재한다.
누구나 완전히 혼자일 수는 없다.
그래서 외로움은 각자의 문제가 아니고
우리 모두의 문제다.

인간은 모두 외롭다고 했던 세스 고딘은
바로 뒤에 이런 말을 덧붙였다.
"연결하라."
그러니 모든 인연의 끈을 함부로 놓지 않기를.
세상의 모든 외로운 이들에게 감히,
그리고 간절히 바란다.

- 내 마음을 읽어주는 그림책 _ 123쪽

따라쓰기

생각쓰기

실행쓰기

034 Day

손을 잡아주는 마음

내 앞에 있는 사람을 나와 똑같은 것에 아파하고, 똑같은 것을 그리워하는 사람으로 생각하고 바라본다면 그 사람의 어색한 몸짓 하나에서도 그가 지닌 가장 빛나는 것을 보게 될 것이다. 그리 되면 교양에서 나온 배려심이 아니라 내 마음이 가는 그대로를 따라 그 사람의 손을 잡아주게 될 것이다.

"얼마나 아팠니. 얼마나 힘들었니."
그렇게 말하며 손을 잡아주는 마음이란 얼마나 고결한가.

사람은 자기 스스로에 대해서는 신이 될 수 없지만 타인의 아픔에 대해서는 신이 될 수 있다.
사람이 사람을 위로할 때 신도 자기가 인간을 창조한 게 잘못은 아니었다고 위로받을 것이다.

• 마음을 안아준다는 것 _ 144~145쪽

따라쓰기

생각쓰기

실행쓰기

035 Day

게슈탈트 기도문

나는 나의 일을 하고 당신은 당신의 일을 합니다.
나는 당신의 기대에 따라 살기 위해
이 세상에 존재하는 것이 아닙니다.
그리고 당신 또한 내 기대에 따라 살기 위해
이 세상에 존재하지 않습니다.
당신은 당신이고 나는 나입니다.
만약 우연히 우리가 서로를 발견하게 된다면
그것은 아름다운 일이겠지요.
그렇지 않다고 하더라도 그것은 어쩔 수 없는 일입니다.

— 프리츠 펄스 Fritz Perls

- 우는 법을 잃어버린 당신에게 _ 209쪽

따라쓰기

생각쓰기

실행쓰기

036 Day

지금 여기에 살고 있는 나에게

치유는 공감에서 시작된다.
상처를 안고 살아가는 이들이 바라는 것은
당장 닥친 문제를 해결해 주는 것이 아니라
그저 자신의 고통을 진심으로 알아주는
한마디인지도 모른다.

유년의 아픔을 딛고
지금 여기에 살고 있는 모든 이에게
당신도 너무나 잘 살았다고 말하고 싶다.
'그럼에도 불구하고' 잘 자라온 자기 자신을
평생 위로하고 다독여주라고 권하고 싶다.

• 그림책으로 아이 마음 읽어주기 엄마 마음 위로하기 _ 223~224쪽

따라쓰기

생각쓰기

실행쓰기

037 Day

함께 걷기

끝이 보이지 않는 길도 다른 사람과 함께 걸으면 힘이 나는 법이다. 함께 걸으면 즐겁고, 황량하기만 했던 길이 조금은 달라 보이기도 한다. 이는 우리가 세상과 소통해야 하는 이유이자 우리에게 다양한 관점이 필요한 까닭이다.

관점이 달라지면 전혀 다른 풍경이 보인다. 누군가에게는 지옥과도 같은 감옥이 누군가에게는 사색의 공간이 되듯이, 어떤 사람은 실패를 '끝'이라고 인식하는 반면 어떤 사람은 성공으로 가는 과정이라고 믿듯이.

- 내 마음을 읽어주는 그림책 _ 217쪽

따라쓰기

생각쓰기

실행쓰기

038 Day

내가 누군가를 위로할 때

나의 아픔이 치유될 수 있는 가장 좋은 길은
위로받을 때가 아니라
내가 누군가를 위로할 때다.
인간은 어떤 슬픔 속에서도
타인을 위로할 수 있다.

우리가 만약 한 번도 만난 적 없는 사람에게
나의 진심을 담아
'일어나라'라고 말할 수 있게 된다면
그렇게 말하는 나의 목소리에
우리는 스스로 눈물겨워진다.
그리고 돌아보면 어느덧 나의 슬픔도
말갛게 가라앉아 있는 것을 느낀다.

● 괜찮아, 아직 청춘이잖아! _22쪽

따라쓰기

생각쓰기

실행쓰기

039 Day

포기하고 싶은 순간이 올지라도

살아 있는 동안

영원히 바위를 굴리는 시지프처럼

홀로 바위를 들어올리는 일생을 산다는 것은

정말이지 사무치게 외로운 일이다.

그리고 누구나 그런 삶을 산다.

하지만 버티고 또 버티는 순간

그것이 바로 삶을 살아내는 방식임을

깨닫게 될 것이다.

길고 긴 인생이란

레이스를 포기하지 않고 그간 살아왔다는 것,

그 자체로 우리는 완주한 것이 된다.

그러니 우리 모두 제발

살아주길 바란다.

• 그만 아프기로 했다 _ 95~96쪽

따라쓰기

생각쓰기

실행쓰기

걱정을 사서 하는 사람들을 위한 처방전

1. 내가 어찌할 수 없는 것과 할 수 있는 것을 구분하기
2. 초록색 쪽지에는 어찌할 수 있는 것을 쓰고,
   빨간색 쪽지에는 어찌할 수 없는 것을 쓰기
3. 빨간색 쪽지를 하나하나 손으로 힘껏 구겨서 휴지통에
   내팽개치기
4. 불안이 올라올 때마다 이 방법을 반복해서 활용하기

자기 자신과 자신의 감정을 분리시켜 생각하기란 쉽지 않다. 불안의 실체를 알기조차 싫은 사람에게는 더더욱 어려운 일이다. 마주해 봤자 괴로울 게 뻔하다. 그러나 마주하지 않으면 인정할 수 없고, 인정하지 않으면 치유할 수도 없다. 차곡차곡 쌓인 거대한 불안이 온 마음을 삼키기 전에 두터운 자기방어의 이불 한 쪽을 들춰보자. 그리고 그 안에 숨어 있는 감정을 외면하지 말고 가만히 바라보자. 하나씩 하나씩 바깥으로 꺼낼 수 있게 될 때까지.

- 내 마음을 읽어주는 그림책 _ 60~61쪽

따라쓰기

생각쓰기

실행쓰기

041 Day

그것으로 됐다

당신이 들고 있는 화분이
꽃을 피우지 못하고 비어 있다 해도
좌절하지 말라.
그 안에는 꽃을 피우기 위해 노력한
당신의 땀방울이 가득하지 않은가.
스스로 부끄럽지 않고 당당한 삶.
그보다 더 가치 있는 인생이 어디 있겠는가.

정성을 다했으니 그것으로 됐다.

● 내 마음을 읽어주는 그림책 _ 79, 81쪽

따라쓰기

생각쓰기

실행쓰기

042 Day

외모가 달라지면 인생이 달라질까?

세상에는 잘생기거나 예쁘지 않아도 사랑스러운 사람이 많다. 눈에 띄는 얼굴은 아니지만 만날 때마다 환한 미소를 지어 자꾸만 보고 싶은 사람, 못났다 싶은 얼굴인데도 여유 넘치는 표정과 태도로 모두의 호감을 사는 사람…… 이는 결코 외모가 뛰어나지 않은 사람을 위로하기 위한 말이 아니다. 외모가 마음가짐에 영향을 미치는 것처럼 마음가짐도 외모에 영향을 미친다. 어떤 삶을 살아왔는가는 외면으로 드러난다.

그러므로 외모 때문에 스스로 마음을 갉아먹거나 삶을 비관하지 않았으면 한다. 뛰어난 외모보다 중요한 것은 저마다의 앞에 놓인 삶이기 때문이다. 외모가 아니라 그것을 바라보는 자신의 마음을 바꾸는 일이 더 시급하지 않을까? 얼굴이 바뀐다고 해서 인생이 드라마틱하게 달라지는 경우는 많지 않다. 그러나 마음가짐의 변화는 확실히 인생을 바꾼다.

• 내 마음을 읽어주는 그림책 _ 142~143쪽

따라쓰기

생각쓰기

실행쓰기

043 Day

상처의 객관화

빛깔과 무게가 다를 뿐 사람은 누구나 자기만의 상처를 안고 살아간다. 그래서 '상처를 지닌 한 인간'으로 사람을 보기 시작하면 그 누구도 미워할 수 없다. 타인의 아픔을 내 것처럼 아프게 느낄 때 비로소 내 상처도 아물기 시작한다. 또 그런 공감과 이해를 바탕으로 나를 힘들게 했던 사람을 용서할 수 있다.

이를 일컬어 상처의 객관화라 부른다. 세상 사람들 누구나 나름대로 상처를 갖고 있다는 점을 깨달으면서 자기만의 상처에 갇혀 있던 주관적 감정을 승화시킬 수 있게 된다. 그제야 비로소 타인에게 기꺼이 손을 내밀 수 있는 것이다.

● 아픈 영혼, 책을 만나다 _ 50쪽

따라쓰기

생각쓰기

실행쓰기

044
Day

지친 나에게 말 걸기

조용히 나를 불러내 차분히 말을 건넬 수 있는 곳이라면 어디라도 상관없다. 자신에게 끊임없이 말을 걸 수 있는 곳, 당신에게도 그런 곳이 하나쯤은 있었으면 좋겠다. 거창한 장소가 아니라도 대단한 추억을 가진 곳이 아니라도 좋다. 내 조그만 방 안도 좋다. 그런 곳만 있다면 삶에 지치고 변한 내게 조용히 말을 걸어볼 때다. '쉼 없이 열심히 살아온 너, 이제 앞으로는 어떻게 살아갈 거야?'라고. '세상에 넘치는 인간답지 못한 사람들과는 달리 너는 어떻게 살 것인지?' 묻고 '마흔 살의 너, 쉰 살의 너는 어떤 삶을 살 거야?'라는 질문에 답해야 한다.

• 그만 아프기로 했다 _ 211~214쪽

따라쓰기

생각쓰기

실행쓰기

045 Day

너는 나의 진통제

모든 걸 처음부터 끝까지
자기 의지 하나로만 넘어서는 게
치료가 아니다.
책이든 종교든 사람에게는
자기 내면으로 들어가는 통로와
그 길에 동행해 줄
무엇인가가 필요하다.

내가 아플 때
약을 사러 달려가 주는 사람이 있으면
약을 먹지 않아도
이미 상처는 낫기 시작한다.

• 아픈 영혼, 책을 만나다 _ 87쪽

따라쓰기

생각쓰기

실행쓰기

046 Day

here & now

삶에는 언제 어떻게 찾아올지 모르는
희망의 씨앗이 존재한다.
과거에 얽매이지 말고
현재를 외면하지 말고
미래를 포기하지도 말고
지금 여기에서 삶의 의미를 좇아 열심히 살면
어느덧 그 씨앗이 보인다.
'here & now'가 모여 결국 미래가 되기 때문이다.
그러니 미래가 보이지 않는다며
현재에서 도망가지는 말자.
미래는 바로 지금, 여기에 있다.

- 그만 아프기로 했다 _232쪽

따라쓰기

생각쓰기

실행쓰기

047 Day

함께 바닷물이 되는 여행

슬픔의 바다에 나의 슬픔 한 방울 더 얹어
함께 바닷물이 된다.
너의 슬픔과 나의 슬픔을
비교하지 않고 겨루지 않고
너와 내가 똑같은 것으로 아파한다고
우리는 같은 것을 그리워하고
같은 것에 힘들어했다고
더 이상은 혼자가 아니라고.
실패를 경험하고 넘어져
일어설 수 없다고 손사래 치는 너를 일으켜 세워
괜찮다고 서로 어루만지며
함께 바닷물이 되는 여행이다.

- 괜찮아, 아직 청춘이잖아! _25쪽

따라쓰기

생각쓰기

실행쓰기

048 Day

삶에서의 실패

살면서 나의 삶에
몇 번의 실패가 있었을까?

모두가 큰 굴곡 없이
살아가기를 바란다.
하지만 실패와 고난은 우리에게
한없는 좌절감만 안겨주는 것은 아니다.

인생이란 긴 시간은
단 몇 가지의 실수나 실패로
누군가의 인생을 판단하고
등수를 매기지 않는다.

● 그만 아프기로 했다 _93쪽

따라쓰기

생각쓰기

실행쓰기

049
Day

그럼에도 불구하고 잘 자란 우리들에게

어린 시절이 생각날 때면 내가 자란 곳을 가본다. 어릴 적 살았던 동네는 많이 변했다. 그래도 그곳에 가면 많은 기억이 떠오른다. 좋은 기억보다는 안 좋은 기억이 더 많다.

그럼에도 힘들 때마다 그곳을 찾는 이유는 나를 칭찬하고 격려하기 위해서다. 수십 년이 지나 내가 이렇게 많이 컸다고. 그 힘든 시간을 지나고 이렇게 괜찮은 나로 여기에 와 있다고.

유년의 아픔을 딛고 지금 여기에 살고 있는 모든 이에게 평생 자신을 위로하고 다독여주라고 권하고 싶다.

- 그림책으로 아이 마음 읽어주기 엄마 마음 위로하기 _ 223~224쪽

따라쓰기

생각쓰기

실행쓰기

Day
050
/
076

마음을 성장시키는 시간

100일 필사

마음을 성장시키는 시간

수많은 영혼이 그림책을 만났다.
그들은 그림책을 만나는 동안 너무나 두렵고 무서워서, 수치심에 몸서리쳐져서 외면하고 눌러 저 밑 어두운 곳에 처박아 두었던 끔찍한 아픔들이 아우성치고 있다는 것을 알았다. 그리고 이제는 현재의 삶으로 끌어와 화해하고 수용하고 용서하고 지지하며 회복하는 경이로운 경험을 했다. 이어서 다시 새롭게 뛰어볼 용기를 내기도 했다. 그들을 지켜보며 내가 함께 치유된 것은 말할 것도 없다.

내가 걸어온 길은 참 힘겨웠다. 나는 생후 45일 만에 안면 기형을 얻었고, 여덟 살에 집이 폭삭 망하면서 처절하게 가난으로 내몰렸다. 초등학교 6학년 때 기차 통학을 하다가 기차에서 떨어져서 큰 수술을 해야 했다. 꼬리뼈 두 개를 잃었고 사고 후유증으로 전체적으로 부실하고 온전치 못한 몸을 갖게 된 이후 내 삶은 지난한 시간의 연속이었다. 억울함, 답답함, 서러움, 아픔, 원망……. 내 안에 남겨진 상처는 스스로 돌이켜 봐도 참 암담했다. 뭐 하나 쉬 지나가는 일이 없이 하염없이 나락으로 떨어지는 듯한 어느 날, 나는 충격적인 사건 앞에서 몸서리쳐야 했다.
유년의 아픔으로 비가 오면 흔들리고 불안해하는 나를 또 불안한 눈으로 바라보는 자식들의 눈망울과 마주친 것이다. 내 불안이 고스란히 아이들의 가슴으로 쏟아지고 있었다.
그제야 정신이 퍼뜩 들었다. '아, 이렇게 내 정서적 결핍이 대물림되는 거구나'라는 뼈저린 통탄이 내 입에서 흘러나왔다. 혼란 가운데 휘청거리고 낮은 자존감에 주눅 들고 가슴 졸이는 이 고통을 내 대에서 끊어내야 한다는 절박함과 간절함이 올라왔다. 그래서 나는 죽을힘을 다해 내 삶을 총체적으로 갈아엎는 작업을 했다.
일종의 '전환기법'으로 우선 열세 살 때의 기차 사고에 내 인생 최악의 사건이라고 달아놓았던 꼬리표를 거두고 죽었던 내가 다시 태어난 날로 재구조화해서, 이후 삶을 덤으로 생각하기로 했다. 그리고 점차 생각의 전환과 감정의 분석을 통해 서서히 단단한 '나'로 서기를 연습했다. 물론 이 과정에서 그림책은 큰 성찰을 안겨주었다.
그러자 모든 것이 달리 보이고 해석되고 적용됐다. 고통은 오히려 힘이 되고 에너지가 되었다. 덕분에 '상처 입은 치유자'로서 아픈 영혼들의 마음에 공감하며 힘겨운 삶을 살아가는 이들을 위로하는 일을 소명으로 삼을 수 있게 되었다.
기차에서 떨어져 사경을 헤맬 때 의사들이 모두 포기하라고 했던 나를 끝까지 지켜낸 부모님이 계시고, 골반을 심하게 다쳐 아이를 낳을 수 없을 거라던 내 몸에서 딸과 아들을 얻은 것에 감사하게 되었다. 그 귀한 생명을 키워내는 동안 나의 결핍을 아이들이 채우고 있었다는 것과 내가 그들에게 온전히 절대적 존재로 받아들여지고 있다는 사실이 기뻤다. 이 얼마나 감사한 삶인가.
이 삶을 찾아가는 과정에서 '나'를 만나는 여행을 선물하고 싶은 마음은 아마도 내가 누리는 행복 덕분일 것이다. 지난한 삶에 감사함을 알고 한 걸음씩 내 속도대로 가고 있는 나는 오늘도 행복하다.

— 우는 법을 잃어버린 당신에게_'프롤로그' 중에서

050 Day

내 삶의 주인은 나

열심히 산다는 건 좋은 일이다. 문제는 삶의 '주체'는 사라진 채 '열심'만 남는 경우다. 오로지 경쟁에서 살아남아야 한다는 생각에 몰두하다 보니 왜 살아남고자 하는지, 살아남아서 하고 싶은 건 무엇인지는 알지도 못한다. 경쟁사회는 우리로 하여금 자꾸 남과 나를 비교하게 한다. 다른 사람보다 더 잘되려고 다른 사람 눈에 잘 보이려고 하다 보니 많은 사람이 껍데기뿐인 인생을 산다.

살아가는 동안 수없이 부딪치는 타인을 무시할 수는 없다. 다만 내 인생의 주인공은 나이며, 가장 중요한 것은 나의 만족이자 행복임을 잊어서는 안 되겠다.

• 내 마음을 읽어주는 그림책 _ 179~186쪽

따라쓰기

생각쓰기

실행쓰기

051 Day

나만 모르는 내 그림자

불안은 살아 있는 생명체 모두가 친숙하지 않은 환경에 적응하고자 할 때 나타나는 가장 기본적인 반응양상이다. 이는 식물이나 동물, 인간에게 모두 나타나는 기본적인 정서다.

불안장애는 결코 하얀 환자복을 입은 정신병자의 이야기가 아니다. 불안은 그저 하루를 평범하게 살고 있다고 느끼는 우리 모두에게까지 꽤 가깝게 와 있다. 이미 우리 존재의, 우리 생활의 일부가 된 것이다.

정상인도 위험이나 고통이 예견될 때, 또는 예기치 않은 상황에 직면했을 때 불안 현상을 경험한다. 이는 정상적인 불안이다. 예를 들어 어린아이가 어머니와 분리되었을 때, 첫 등교 때, 첫 데이트 때, 노화 혹은 죽음 등에 직면했을 때 등에 나타나는 불안은 정상적인 것으로서 이를 극복하고 해결하는 과정을 통해 사람은 성장하고 변화하며 정체성을 획득하고 인생의 의미를 깨닫게 된다.

• 마음을 안아준다는 것 _ 161~162쪽

따라쓰기

생각쓰기

실행쓰기

052
Day

엉킨 실타래를 풀기 위해서는

어떤 아픔이 나를 미래로 나아가지 못하게 하고 발목을 잡는다면 그건 현재의 문제다. 그런데 이 문제를 해결하기 위해서는 문제가 시작된 과거 어느 때로 한 번은 다녀와야 한다. 가고 싶지 않고 외면하고 싶고 정말 돌아보고 싶지 않지만 갔다 와야 한다.

그냥 생각만 하는 것과 기록하는 건 큰 차이가 있다. 기록한다는 건 자기 이야기를 객관화하는 일이다. 쓰기 위해서는 당시 상황을 차분히 정리해야 하므로 저절로 제3자의 시선이 되고, 쓰고 나서 읽어보면서 다시 한 번 객관적인 시선으로 자기 문제를 돌아볼 수 있다.

- 아픈 영혼, 책을 만나다 _ 94~95쪽

따라쓰기

생각쓰기

실행쓰기

053 Day

현재에서 과거 만나기

어둑해지려 하면 무서워지던 과거
이제는 무서워할 이유가 없는데도
과거의 그런 감정을 고스란히 껴안은 채
집 안을 환히 밝힘으로써
'안심'이라는 '보상'을 현재에서 찾는다.
우리는 스스로
자기 행동의 원인이 어디에서 오는지 알면서도
그것을 현재 시점에서 처리하지 못하고
과거의 감정을 달래주는 쪽으로만 행동한다.
현재에서 과거를 만나지 않고
현재를 과거로 끌고 들어간다.
그러나 치유를 위해서는 전환이 필요하다.
'지금', '여기'가 중요하다.

- 괜찮아, 아직 청춘이잖아! _217쪽

따라쓰기

생각쓰기

실행쓰기

054
Day

감정은 또 하나의 인격

감정은 자신의 의식과 별개로 또 하나의 인격을 갖추고 있다. 의식적으로 감정을 아무리 도려냈다 해도 여전히 자신의 삶에 영향을 미치는 이유이다.
방치하다 보면 결국에는 주체였던 자신이 무의식이라는 녀석에게 휘둘리는 비주체가 될 수 있다. 무미건조한 감정으로 삶이 메마르다고 느꼈을 때, 이전에 없던 감정이 나를 불편하게 해서 '지금-여기'에서 도망치고 싶을 때가 바로 그 순간이다.

비주체에서 주체로 회복한다는 것은 무의식을 의식화하는 것이다. 이제라도 외면하고 무의식 속에 가둔 나의 감정에 관심을 가져보자. 때때로 깊은 내면에 묻어두고 침묵으로 회피했던 마음을 꺼내 다독여보자. 더는 감정에 휘둘리지 말고, 오롯이 내 삶의 주인으로 당당히 서는 그때까지.

• 마음을 안아준다는 것 _ 61쪽

따라쓰기

생각쓰기

실행쓰기

055 Day

관계를 들여다보면

관계 불안을 안고 살아가는 사람들은
자신의 존재 가치가 훼손당하고
관계 맺음이 두려워 회피하고 만다.
그러나 사람들은 당신이 생각하는 것만큼
당신에게 별로 관심이 없다는 것을 명심하라.
그리고 타인이 당신을
부정적으로 보리라는 생각에서 벗어나라.

- 괜찮아, 아직 청춘이잖아! _ 186~195쪽

따라쓰기

생각쓰기

실행쓰기

056
Day

그 사람을 제대로 안 것이 맞을까?

어떤 인간관계에서든 그 관계를 가장 감동적으로 만들어주는 순간은 바로 용서의 순간이다. 하지만 그 용서는 '내가 더 나으니 너를 이해하겠다'라는 자만심이나 '정말 싫지만 내가 참겠다'라는 인내심으로 되는 것이 아니다. 설사 그렇게 된다 하더라도 그것은 오래 가지 못한다. 진정한 용서와 관용, 이해의 시작은 바로 상대방을 '아는 것'에서부터 시작한다.

그는 누구인가? 그는 어떤 사람인가? 이렇게 누군가를 '아는 것'은 그를 '인정하고 받아들임'으로써 성숙한 방향으로 나아갈 수 있는 긍정적인 첫걸음이 된다.

- 내 남자의 그 여자 _ 252~253쪽

따라쓰기

생각쓰기

실행쓰기

057 Day

내가 보는 나, 남이 보는 나

열심히 살아가는 사람일수록 완벽에 대한 욕망을 지니고 있다. 살면서 만나는 모든 이를 끌어안을 수 있고, 모든 이에게 좋은 평가를 받을 수 있다면 얼마나 좋겠는가. 하지만 사는 날이 많아질수록 완벽한 인생이란 허상에 불과하다는 사실을 깨닫게 된다.

완벽한 사람이 되려고 스스로를 괴롭히지 말라. 중요한 것은 완벽이 아니라 균형이다. '다른 사람이 원하고 기대하는 나'에 다가가려 노력하는 만큼 '내 눈에만 보이는 나'에게도 관심을 가져야 한다. 거울 속 나를 살피는 데 바빠 혹시 잊고 있는 것은 아닐까? 심장이 뛰고 숨을 쉬는 진짜 사람이 바로 그 앞에 서 있다는 사실을.

• 그만 아프기로 했다_131~132쪽

따라쓰기

생각쓰기

실행쓰기

058 Day

인생은 어떤 것이 되는 기회

우리는 삶의 주체자로서 문제를 해결해 나갈 수 있으며 자기 삶에 변화를 일으킬 수 있는 존재다. 따라서 자기 안의 부족함을 부족함이라고 생각하지 않았으면 좋겠다. 그것을 버려야 할 돌덩이로 취급하는 대신 아직 제련되지 않은 원석이라 여겨야 한다. 모르는 사람의 눈에는 원석도 돌덩이로 보이기 마련이지만 돌덩이 안에서도 형상을 발견할 줄 아는 사람은 그것을 깎고 다듬어 귀한 보석으로 만들 수 있다.

살다 보면 단점은 어느새 장점이 되어버리고 인생은 언제 어느 때 달라질지 모른다. 그래서 나는 '인생에는 세 번의 기회가 온다'는 말 따위를 믿지 않는다. 우리에게 있어 인생은 바로 그 자체가 기회이므로.

- 그만 아프기로 했다 _ 243~244쪽

따라쓰기

생각쓰기

실행쓰기

059
Day

해결의 열쇠

상대가 바뀌어야만 문제가 해결되는 게 아니다. 무엇보다 상대가 바뀌는 건 내가 할 수 있는 일이 아니다. 그건 상대에게 의존하는 일이다. 문제 해결의 열쇠를 상대에게 맡긴 채 막연히 기다리기만 하는 것이다.

내가 바뀐다는 건, 상대는 놀고 있는데 나만 일하는 그런 게 아니다. 해결의 열쇠를 내가 쥐고, 내가 주도한다는 의미다.

행복으로 들어가는 문 앞에서도 손익과 공평을 따지고, 누가 더 힘든지 따지자고 대결의 자세를 취한다. 상대는 가만있는데 나만 변화하는 건 억울한 일이라고 생각한다.
그럴 때는 자기 마음을 돌아보아야 한다.
내가 지금 원하는 게 이기는 것인지 편안해지는 것인지.
편안해지는 거라면 간단하다.
내가 먼저 시작하면 된다.
내가 변하면 된다.
그리고 내가 변하면 결국엔 상대도 변한다.

• 마음을 안아준다는 것 _ 208~209쪽

따라쓰기

생각쓰기

실행쓰기

060
Day

그 순간의 감각

감정이 무뎌지고 있다면 그것은 삶의 위험 신호다. 재미난 일이 없고 도무지 마음을 끄는 것도 없다고 하는 말은 갖다 대기 편한 핑계일 수 있다. 세상에 있는 얼마나 많은 것이 우리의 감각을 깨우며 무수한 감정의 귀퉁이를 건드리는지 모른다.

비가 오는 날, 손을 뻗어 내리는 비를 맞아보자. 빗방울이 지닌 온도, 빗줄기가 피부에 닿는 감촉, 간지러울 정도로 미세한 촉촉함을 하나하나 느껴가는 것이야말로 중요한 일이다.

신경이 망가진 조직은 썩게 마련이듯 감각이 마비되면 감정도 사라진다. 결국 산다는 것은 내 안에 있는 마지막 신경까지도 살아 움직이게 하는 일이다.

- 그만 아프기로 했다 _27~28쪽

따라쓰기

생각쓰기

실행쓰기

061 Day

주고받은 것의 크기

세상의 모든 문제가 그렇다.
주는 사람과 받는 사람의 인식 차이에서
많은 문제가 생긴다.
주는 사람이 세상을 다 주었다고 말해도
받은 사람이 안 받았다고 느끼면 안 받은 거고
상대는 별로 준 게 없다고 생각해도
받은 사람이 큰 것을 받았다고 생각하면
큰 것을 받은 것이다.
주고받은 것의 크기는 준 사람이 아니라
받은 사람에게서 결정된다.

• 마음을 안아준다는 것 _ 40쪽

따라쓰기

생각쓰기

실행쓰기

062 Day

순리대로

우리는 살아가면서 '순리'라는 말을 참 많이 한다. 나이 많은 어르신들은 곧잘 순리를 따르라거나 순리대로 살라고 조언한다. 어떤 사람들은 이런 말을 들으면 그저 흘러가는 대로 살기보다는 자기 삶을 스스로 개척해야 하는 것이 아니냐고 반문한다.

순리를 따르는 삶이란 노력하지 않고 되는 대로 사는 것이 아니라 모든 일이 자신의 생각대로 움직이지는 않는다는 사실, 그리고 자신의 바람과 상관없이 받아들여야 하는 일이 있다는 사실을 아는 것이다.

- 그림책으로 아이 마음 읽어주기 엄마 마음 위로하기 _40쪽

따라쓰기

생각쓰기

실행쓰기

063
Day

이야기를 사랑하지 않을 수 없는 이유

이야기란 문제 상황을 만난 주인공이 깨어진 삶의 균형을 되찾으려고 투쟁하는 과정의 기술이다. 좋은 이야기의 주인공들은 대부분 위기를 겪지만 부정적 에너지를 긍정으로 변화시켜 원하는 것을 얻고, 거기에서 우리는 인생을 발견하게 된다.

— 로버트 맥키 Robert McKee

- 우는 법을 잃어버린 당신에게 _ 55쪽

따라쓰기

생각쓰기

실행쓰기

064
Day

연대와 연결

우리가 잠든 사이에도 세상은 유기적으로 돌아간다. 어느 한곳이 멈추면 모두가 멈출 수 있는 사회에 우리는 살고 있는 것이다. 반복되는 누군가의 움직임과 그런 움직임이 연대하고 연결되어 우리를 살 수 있게 만든 것이다.
그러니 어떤 일은 귀하고 어떤 일은 하찮은 것이 아니다. 모든 일이 중요하고 모든 이가 귀하다.

어떤 한 사건이 도미노처럼 또 다른 사건들을 불러일으키고 연속적으로 이어지는 그 사건들이 어느 순간 강력한 힘을 발휘하게 된다.
마침내 누군가의 운명을 뒤흔들게 되어 누군가의 인생이 결정적으로 확 바뀐다는 결말을 마주할 때는, 결국 우리 인생도 연속선상에서 바라봐야 하는 긴 호흡이란 걸 인정하게 된다.

● 마음을 안아준다는 것 _ 260~262쪽

따라쓰기

생각쓰기

실행쓰기

065 Day

삶의 의미에 대한 탐구

우리는 삶에게 의미를 물을 것이 아니라
삶에게 나의 의미를 답해 주어야 한다.
삶의 의미를 찾아서 뭔가 만들어내는 것이 아니라
지금부터 우리가 살아가면서 증명해 내는 것이
삶의 의미인 것이다.
대단한 사람이 되거나 훌륭한 사람이 되는 것으로
삶의 의미를 실현하는 것이 아니라
나에게 주어진 일을 조금 더 열심히
조금 더 편안하게 해 나가는 것이
가장 멋진 삶의 의미를 구현해 가는 방식이다.

- 우는 법을 잃어버린 당신에게 _ 232쪽

따라쓰기

생각쓰기

실행쓰기

066 Day

진정한 용기

실패라는 결과 앞에서 두려워 도망가지 않는 것, 실패한 자신도 마주 보고 끌어안을 수 있는 것, 그것이 '진정한 용기'다.

인생에는 자신의 모든 모습을 인정하고 받아들이는 숙명적인 시간이 필요하다. '직면'은 아이가 태어나 자라서 어른이 되고 나이가 들어가는 동안 이루어야 할 자연스러운 과업이다.

어른다움이란 '괜찮은 나'와 '부족한 나'를 모두 나로 인정하고 통합하는 것이다. '괜찮은 나'만 앞장세우거나 '부족한 나'에 집중해 절망한다면 '진짜 나'를 알지 못한다.

실패마저 수용할 수 있을 때 용기를 낼 수 있는 것처럼 부족한 나를 직면할 때야말로 비로소 삶을 헤쳐나갈 용기가 생긴다.

- 내 마음을 읽어주는 그림책 _ 106~113쪽

따라쓰기

생각쓰기

실행쓰기

067 Day

각자의 다름

젊은 층에서 MBTI 검사가 유행하고 나아가 사주나 타로점이 성행인 이유는 뭘까? 나는 이것을 상대와 부딪히는 마음이 왜 그런 건지 검사를 통해 확인해서 각자의 다름을 이해받고 싶고, 나아가 종잡을 수 없는 나의 마음과 상대방의 마음을 하나로 모아 불확실성을 해소하고 싶은 욕망이 녹아 있는 것이라고 본다. 다만 이것을 확인하는 데 그치지 말고 변화에 대한 강력한 열망과 사랑의 힘으로 평소 고수하던 자신의 방식을 과감하게 변형하고 수정했을 때, 비로소 살아갈 힘을 얻을 가능성은 더 커진다.

- 우는 법을 잃어버린 당신에게 _ 89쪽

따라쓰기

생각쓰기

실행쓰기

068
Day

자존감이라는 감정의 핵심

자존감은 자기 자신을 존중하는 마음이다. 자신의 가치와 능력, 자신의 영향력을 스스로 얼마나 긍정적으로 판단하는지를 이르는 개념이다. 자존감이 높은 사람은 자신의 존재가 가치 있다고 여기며 자신의 능력을 믿는다.

여기서 핵심은 객관적인 것이 아니라 지극히 '주관적'인 평가, 이것이 자존감이라는 감정의 특징이다.

- 내 마음을 읽어주는 그림책 _ 85, 92쪽

따라쓰기

생각쓰기

실행쓰기

자존감을 높이는 몇 가지 숙제

1. 남과의 비교를 멈추고 다른 사람의 의견에 잠시 귀를 닫을 것
2. 사소하더라도 하고 싶은 일을 모두 적어보고 그중 하나를 정해 단계적으로 목표를 세울 것
3. 나의 장점과 단점을 색깔이 다른 포스트잇에 적어 몸에 붙인 뒤 '남이 나를 이렇게 생각할 것'이라고 짐작해서 적은 것을 모두 떼어낼 것
4. 남아 있는 포스트잇을 점검한 뒤 어떤 느낌이 드는지 적어볼 것

남의 눈이 아닌 나의 눈으로 스스로를 보아야 한다. 자존감을 높이겠다고 스스로를 무조건 높게 평가하기보다는 장점과 단점을 가진 있는 그대로의 자신을 인정하는 것이 중요하다. 또한 조그마한 목표일지언정 그것을 달성하며 성취감을 느끼다 보면 자신감이 생긴다. 이는 모두 상상 속 군중이 아닌 내가 주인이 되어 살아가기 위한 연습이다.

• 내 마음을 읽어주는 그림책 _ 91쪽

따라쓰기

생각쓰기

실행쓰기

070 Day

디지털 다이어트가 필요하다

남의 시선을 지나치게 의식하게 되는 사회란 한편으로 남에게 지나친 관심을 보이는 사회라는 뜻일 수 있다. 남에게 과도한 호기심을 갖는 사람이 많은 만큼 그것을 의식하는 사람도 많아지는 셈이다. 근래 유행하는 SNS는 이러한 현상이 적나라하게 드러나는 매체이다. 수많은 사람이 SNS를 통해 어디에서 무슨 일을 하고 어떤 음식을 먹었으며 무엇을 느꼈는지 기꺼이 노출한다. 그렇게 나의 행복을 남에게 확인받고 싶어 한다.

평소에 디지털 다이어트를 시도해 볼 필요가 있다. 집으로 들어오면 바로 모든 기기를 일정한 곳에 넣어두고 생활해 보기 바란다. 몇 시간 동안 세상과 연결되지 않아도 아무 일도 일어나지 않는다. 이런 시간을 갖다 보면 분명 엄청난 변화를 느끼게 될 것이다.

- 내 마음을 읽어주는 그림책 _ 190~196쪽

따라쓰기

생각쓰기

실행쓰기

071 Day

비움

'비어 있음'이란
무언가가 존재하기 위한
가장 기본적인 상태다.
마당이 비어 있어야
아이들이 뛰놀 수 있고
마음이 비어 있어야
좋아하는 사람이 들어올 수 있듯
무언가를 비운다는 것은
무언가를 담을 수 있게 된다는 뜻이다.

● 그림책으로 아이 마음 읽어주기 엄마 마음 위로하기 _ 159쪽

따라쓰기

생각쓰기

실행쓰기

072 Day

새로운 습관을 만드는 21일의 법칙

'21일의 법칙'이 있다. 우리의 뇌는 충분히 반복해서 정보를 전달하지 않으면 익숙하게 느끼지 않는다. 특정한 행동이 몸에 익을 때까지 21일간 의식적으로 노력해야 하는데, 21일은 생각이 대뇌피질에서 뇌간까지 내려가는 데 걸리는 최소한의 시간이다. 그동안 같은 행동을 반복하면 어느덧 자연스러운 습관이 된다.

• 내 마음을 읽어주는 그림책 _ 133쪽

따라쓰기

생각쓰기

실행쓰기

073 Day

무뎌진 감정의 촉 다듬기

'무기력의 시대'를 살고 있는 현대인들은 시간에 쫓기고 일에 치여 열심히 사는 듯하지만 사실은 반복하는 습관처럼 그냥 '살아가고만' 있는 경우가 부지기수다. 무슨 일에도 흥미가 생기지 않다가 점점 주변의 모든 것에 무관심해진다.

이런 상태에서 벗어나기 위해서는 자신의 감정을 되찾는 일이 우선이다. 아무리 기운 내라고 해봤자 없던 기운이 솟아나지는 않는다. 마구 다그친다고 해서 사라졌던 의욕이 돌아오는 것도 아니다. 무기력한 사람들이 먼저 튜브를 찾아 바다에 가는 법은 없다. 시원한 물이 몸에 닿는 느낌, 그 상쾌한 기분과 만족감이 떠오를 때에야 바다에 가고 싶어지는 것이다. 나도 모르게 잃어버렸던 혹은 일부러 잘라냈던 감정을 되살리는 작업이 선행되어야만 삶의 생생한 순간을 느끼고 살고자 하는 욕구가 생겨난다.

• 그만 아프기로 했다 _ 26쪽

따라쓰기

생각쓰기

실행쓰기

074 Day

열등감은 인간이 지닌 축복

인간은 태어나는 순간부터 스스로 아무것도 할 수 없는 열등한 존재다. 그러니 우리가 열등감을 느끼는 것은 당연하며 그것 때문에 상처받을 이유도 없다.

인생은 부족한 것을 보충하고 낮은 것을 높이고 미완성을 완성해 가는 과정이다. 인간은 연약하고 열등감을 가진 존재지만 그것을 자신을 개발하는 원동력으로 삼아 앞으로 나아간다. 열등감은 우리 안에 숨어 있는 잠재력이며 우리 속에 숨은 보석을 꺼내 우월로 가는 근원이자 에너지가 된다.

- 우는 법을 잃어버린 당신에게 _ 99, 100쪽

따라쓰기

생각쓰기

실행쓰기

075 Day

고래에게 육지를 강요하지 않듯

사랑은 달라고 하는 것이 아니라 베푸는 것
내 말을 들으라고 하는 것이 아니라
상대방의 말을 들어주는 것
고래에게 육지를 강요하지 않고
생쥐에게 바다를 강요하지 않듯이
서로의 삶을 인정하며 지지하는 것

• 그림책으로 아이 마음 읽어주기 엄마 마음 위로하기 _205쪽

따라쓰기

생각쓰기

실행쓰기

076 Day

삶은 나에게 무엇을 기대하는가

빅터 프랭클은 자신의 인생에서 더 이상 기대할 것이 없다고 말하는 사람에게 가장 필요한 것은 삶에 대한 근본적인 태도를 바꾸는 것이라고 설명한다. 삶에서 무언가를 기대하는 것이 아니라 삶이 자신에게 무엇을 기대하는지 그것을 아는가가 더 중요하다는 것이다. 삶의 의미에 대해 질문하기보다 삶으로부터 직접 질문을 받고 매순간 그 질문에 대한 답을 스스로 구해야 한다. 그러니까 '왜 살아야 하는가'에 대해 끝없이 고민해야 한다. 흥미로운 것은 삶의 목표가 하나의 정답만을 요구하지 않는다는 것이다. 개개인마다 삶의 모습이 모두 다르듯 그 의미 역시 독자성을 가진다.

- 그만 아프기로 했다 _ 200쪽

따라쓰기

생각쓰기

실행쓰기

Day

077

―

100

온전히
몰입하는
시간

／

100일 필사

온전히 몰입하는 시간

심리학 공부를 하면서 이론을 배울 때마다 내 안의 괴물이 어떤 성격을 소유하고 있으며 어떤 말에 화를 내고 어떤 감정에 유독 반응을 하는지를 알게 되었다. 내가 겪게 되는 심리적 불편함을 이론에 비추어 머리로 이해하면서 어느 정도는 묻어둘 수도 있었고 정리도 할 수 있어서 편안함을 느끼기도 했다.

그러나 머리로 이해되는 그 감정이 가슴으로 절절하게 와 닿지가 않았다. 내 서러움, 밑도 끝도 모르게 올라오는 그 서러움으로 누군가의 말 한마디, 행동 하나에도 눈물을 흘리는 나를, 그런 일시적인 편안함이란 허울로 감출 수는 없었다.

내 서러움과 외로움의 근원을 만나야겠다고 작심하고 나를 돌아보기로 작정한 날! 나를 위한 시간을 열어두고 삼청동 길을 걷다가 들어간 서점에서 책 한 권을 만났다. 신경숙의 《외딴방》.

그 책을 읽는 내내 나는 내 서러움의 근원이 엄마에게 있음을 알았다. 내 허기진 배고픔의 근원이 엄마를 향한 사랑고픔임을 알았다. 내가 당연히 받아야 했을 사랑을, 배려를, 맏이라는 책임으로 눌러놓고 어른인 양 마땅히 해야 한다는 당위에 눌려 할 말을 못하고 울지도 못했던 억울함이 녹아 있었다. 그 억울함이 나를 굶주리게 했고 그런 사랑고픔은 늘 젖을 달라고 울다가 지친 아기의 서러움과 맞닿아 있음을 알았다.

작품 속의 나!

아주 작은 것에도 예민하게 반응하는 가녀린 '나'. 사랑한 것 말고는, 삶을 따듯하게 바라본 것 말고는 잘못한 게 없는데 너무나 큰 짐을 안아야 했던 '나'. 울고 싶어도 마음껏 울지 못하고 삼켜야 했던 '나'. 외면하고픈 시간을 결국은 만나야 했던 '나'로 표현된 주인공은 내 모습이 고스란히 투영된 또 다른 나였다. 그런 나를 책을 통해 만나고 보니 훨씬 정리하기가 쉬웠다.

그렇게 쉬워서였을까? 금세 나는 책 속의 그녀와 오랜 설움을 풀어놓고 목울대를 울리는 통증을 느끼면서도 꽤나 오랜 시간 상쾌하게 울었다. 그렇게 서러움에 떨고 있는 내 안의 아이를 만나 등을 쓰다듬어 주고 따듯하게 안아주고 얼굴을 비벼주었다.
얼마나 예쁘던지, 얼마나 사랑스럽던지 …….
그러고 나서 내 안의 괴물은 무척이나 유순해졌다. 어느 곳을 만져주면 좋아하는지를 아니까, 사랑하는 사람과 유희를 즐기듯 그렇게 나는 내 안의 괴물과 기꺼운 동행을 했다. 가끔씩 올라오는 괴물의 난폭한 몸놀림에 놀라 또 눈물이 솟을 때에도 이제는 남을 힘들게 하거나 아프게 하는 나는 거기에 없다. 그렇게 해놓고 후회하며 자괴감에 빠지는 어리석은 나는 없다.
다만, 가슴속 또 다른 외딴방으로 아주 담담하게 숨어든다. 그 외딴방에 올라가 괴물의 횡포가 잠잠해지길 기다린다. 그러면 기다렸다는 듯 유년의 엄마는 내게 빨간 부침개를 부쳐준다. 등을 어루만지며 "천천히 먹어, 내 아가" 하고 속삭이는 엄마의 가슴에 안겨 젖을 빠는 내가 있을 뿐이다. 잃었던 시간을 거슬러 올라가 다시 사랑을 만나고 있는 내가 있을 뿐이다.

— 아픈 영혼, 책을 만나다_'책을 덮으며' 중에서

077 Day

시선을 바꾸면 삶의 풍경이 달라진다

"나는 이래서 안 돼"라는 말 대신
"나는 이래서 잘될 거야"라고 되뇌기를 바란다.
이름이 없어도
저마다 아름다운 들꽃을 쳐다보듯
어느 누구보다 자기 자신을 조금 더
너그러운 눈길로 바라보았으면 좋겠다.
내가 나를 괜찮은 사람으로 봐주는 것이
변화의 시작이다.

- 내 마음을 읽어주는 그림책 _ 218쪽

따라쓰기

생각쓰기

실행쓰기

지금은 내가 주인이다

예전에는 수많은 상처가
내 마음의 주인이었다면
지금은 내가 주인이다.
예고 없이 나를 괴롭히는 상처에 휘둘리지 않고
그것들이 나를 어떻게 휘두르려 하는지 알기에
공존이 가능하다.
사라진 줄만 알았던 상처의 흔적 아래에서
다시금 저릿한 통증이 느껴질 때마다
나는 상처 입은 당시의 나에게 다가간다.
그렇게 가만히 나를 위로하는 것만으로도
치유가 시작됨을 알기에.

- 그만 아프기로 했다 _ 74~76쪽

따라쓰기

생각쓰기

실행쓰기

079 Day

인생을 두 번째 사는 것처럼

만약 현재의 삶이 두 번째 사는 삶이라면
지금처럼 행동할까?
게으름을 피우거나
하고 싶은 일을 포기하거나
사랑을 뒤로 미룰까?

삶의 의미는 사람마다
같은 사람이라도 시기마다
그 사람의 시간마다
다를 수 있다.
나아가 우리는 한 번 주어진 삶에 대한
책임이 있다.

• 우는 법을 잃어버린 당신에게 _ 238쪽

따라쓰기

생각쓰기

실행쓰기

080 Day

믿어봐, 너는 찾을 수 있어

네가 하고 싶은 일을 해. 인간은 누구나 자기가 하고 싶은 일을 갖고 태어나. 사는 게 힘든 사람은 자기 일이 아닌 남의 일을 찾아다니기 때문에 힘든 거야. 너의 일을 찾아. 어쩌면 평생 찾아만 다니다 그칠 수도 있어. 그래도 너는 할 일을 한 거야. 네가 할 일을 찾아다닌 거니까.

믿어봐. 넌 이 세상에서 유일한 존재이고 너만이 할 수 있는 일이 있다는 걸 말이야. 너는 그걸 찾기만 하면 돼. 얼마나 재미있고 신나는 보물찾기니. 찾으면 거기에 네 이름이 적혀 있어. 그건 네가 태어날 때부터 적혀 있었어. 너는 찾을 수 있어. 네 거니까.

● 괜찮아, 아직 청춘이잖아! _ 124, 125쪽

따라쓰기

생각쓰기

실행쓰기

081 Day

스스로에게 묻기

자기가 무엇을 원하는지 아는 것만으로도 삶의 질과 방향은 달라진다. 사람은 무엇을 원하는지 스스로에게 물을 때 쉽게 무너지지 않으며 자기가 원하는 일을 조금씩이나마 해 나갈 때 활력을 얻는다.

행복을 염두에 두고 그것을 얻으려고 애쓰지 않아도 된다. 그저 내 삶에서 의미 있는 일을 묻고 찾고 해 나가는 것이 중요하다. 그러다 보면 행복은 시나브로 당신 곁에 있을 것이다.

- 그만 아프기로 했다_238쪽

따라쓰기

생각쓰기

실행쓰기

082
Day

세상은 자기를 믿는 사람을 믿어준다

우리 모두 자기를 믿으며
자기 마음으로 세상을 보려 하는 사람을
신뢰하지 않던가.
그런 사람의 친구가 되고 싶지 않던가.

자기를 믿는 마음에는 힘찬 생명력이 있다.
그 힘은 주변 사람들마저 기분 좋게 감염시켜
생의 에너지를 끌어올리게 한다.

나를 가로막을 수 있는 사람이 오직 나뿐이듯이
나를 사랑하고 행복하게 해줄 사람도 오직 나뿐이다.

• 마음을 안아준다는 것 _ 48, 49쪽

따라쓰기

생각쓰기

실행쓰기

083
Day

나 하나 바로 서는 것

'건강한' 나로, 나 하나 바로 '서자' 다른 것은 생각하지 말고 또렷하게 이 목표 하나만을 생각하라고 한다. 그 이유는 모든 것은 '나'에서 출발하고 결국은 나로 돌아오기 때문이다. 따라서 심리적 수월함을 얻을 수 있는 가장 손쉬운 방법은 나를 괴롭히는 가족이나 친구, 직장 동료, 또는 나와 관계를 맺고 있는 다양한 사람들이 바뀌지 않는다고 아파하고 버거워할 것이 아니라 '나'를 찾아 제자리에 잘 세우는 것이다. 그렇게 하는 것으로 각자의 무의식은 바람도 쐬고 햇볕도 쬐며 조금씩 성장하는 것이다. 이렇게 하기 위한 첫 관문이 자기인식이고 직면이다. 직면하지 않고는 내가 '나 됨'을 이룰 수 없다.

• 우는 법을 잃어버린 당신에게 _ 26~28쪽

따라쓰기

생각쓰기

실행쓰기

084 Day

내 인생의 중심

내 인생은 내가 중심이어야 한다.

남을 의식하는 삶이 힘겨운 이유는 그 누구도 모든 타인을 만족시킬 수 없기 때문이다. 남들이 시키는 것, 남들이 원하는 것, 남들이 좋아하는 것이란 시시때때로 변하며, 거기에 맞추어 살기란 불가능하다.

다른 사람에게 휘둘리는 대신 내가 보기에 좋으면 그것으로 됐다는 마음가짐으로 살아보자.

삶의 축이 '남'에서 '나'로 변하는 순간, 요원하기만 했던 행복은 한층 가까워진다.

보고 싶은 것을 보고, 듣고 싶은 것을 듣고, 느끼고 싶은 것을 느낄 때 비로소 우리의 눈과 귀, 마음도 편안해질 것이므로.

• 내 마음을 읽어주는 그림책 _ 196~197쪽

따라쓰기

생각쓰기

실행쓰기

건강한 사람

'내가 나로 산다'라는 것은 무엇일까?

내가 나로 산다는 것은 남보다 나은 사람이 되는 것도, 남처럼 되고 싶은 삶을 살라는 것도 아니다. 내가 원하는 삶을, 내가 나로 바로 서는 것이 내가 나로 사는 것이다.

건강한 사람은 다른 사람처럼 되고 싶은 것이 아니라 '나는 그냥 나'라고 이야기할 수 있는 사람이다.

살아가면서 이 경계를 제대로 세우지 못해 얼마나 많은 상처와 아픔을 겪는지 한번 돌아보자.

나 하나 제대로 세우는 일은 그처럼 쉽지 않은 일이다. 내가 원하는 나, 나 자신이 되는 것이 진정 건강한 사람이다.

• 우는 법을 잃어버린 당신에게 _ 207~209쪽

따라쓰기

생각쓰기

실행쓰기

086 Day

나의 구원자

삶은 전장과도 같아 순수하던 나는 때가 묻고 거칠어진다. 그런 것이 삶이다. 그럼에도 불구하고 놓치지 않아야 할 것들이 있다. 인간다운 삶, 소중한 생의 가치는 태어나서부터 눈을 감는 그 순간까지 가슴에 꼭 쥐고 있어야 한다. 어떤 고통이 수반되더라도 그것은 꼭 지켜야 한다. 그래야 포기하고 싶은 순간, 모든 것을 끝내고 싶은 순간에도 악착같이 나를 지킬 수 있다. 삶을 인간답게, 가치 있게, 나아가 이 지옥과도 같은 삶에서 구원할 수 있게 만드는 것은 결국 나 자신이다. 타인은 나를 아무렇게나 대하고 버리고 짓밟을 수 있지만 세상에 오직 나만은 나를 그렇게 대해선 안 된다.

- 그만 아프기로 했다 _262쪽

따라쓰기

생각쓰기

실행쓰기

087 Day

지금 당신에게 필요한 것

인간은 변할 수 있고 누구나 행복해질 수 있다.
그것을 위해 필요한 것이 바로 '용기'다.
자유로워질 용기, 평범해질 용기, 행복해질 용기,
그리고 미움받을 용기 ······.
자유롭고 행복한 삶을 원하는 당신
지금 당신에게 필요한 것은 '용기'다.
— 알프레트 아들러 Alfred Adler

● 우는 법을 잃어버린 당신에게 _ 98쪽

따라쓰기

생각쓰기

실행쓰기

088 Day

민들레는 민들레

길가에서도 들판에서도 지붕 위에서도
꽃이 져도 씨가 맺혀도 바람에 날아가도
민들레는 민들레다.
어디에 있든 어떤 모습으로 있든
민들레는 민들레다.
우리도 마찬가지다.
누가 뭐라고 하든 내가 어디에 있든
나는 나다.
바로 나다.

• 우는 법을 잃어버린 당신에게 _ 208쪽

따라쓰기

생각쓰기

실행쓰기

089 Day

자존감은 내 선택에 달린 문제

무엇보다 자존감 회복을 위한 첫걸음은 선택이다. 자존감이란 내가 나에게 내리는 평가라는 사실을 기억해야 한다.

남들이 어떻게 생각하든 나를 소중하게 여기리라 스스로 선택하지 않는 한 자존감은 절대 높아지지 않는다.

당신은 특별하다. 남들이 보기에 멋지지 않더라도 당신은 다른 누구와도 같지 않은 당신이라서 특별하다. 우리 모두는 그렇게 특별하다.

• 내 마음을 읽어주는 그림책 _ 92쪽

따라쓰기

생각쓰기

실행쓰기

090 Day

내 마음부터

우리는 언제라도 새로운 길을 시작할 수 있다.
어떤 관계도 새로 시작할 수 있고
나의 밖에서 날아오는 어떤 고통도
내 마음의 필터로 그 빛깔을 바꿀 수 있다.
지금 나에게 당면한 문제가 있다면
그 문제를 바라보는 나의 마음부터 바꾸는 거다.

그 어떤 문제도 나에게서 시작되고
그 어떤 해결도 나에게서 나온다.

- 마음을 안아준다는 것 _ 213쪽

따라쓰기

생각쓰기

실행쓰기

최선이란 이런 것

최선을 다해 만들어가는 삶에는
무기력하게 살아갈 때는
미처 만날 수 없었던 의미가 숨어 있다.
그것은 살아 있다는 사실을
살아 있는 자신의 존재 자체를
소중하게 만들어준다.

오늘도 열심히
'최선이란 이런 것'임을 보여주자.
언제 올지 모르는 인생의 마지막 순간에
내가 나에게 부끄럽지 않을 수 있게.

- 그만 아프기로 했다 _ 179, 180쪽

따라쓰기

생각쓰기

실행쓰기

092 Day

주어진 삶에 대한 책임

인생을 두 번째로 사는 것처럼 살아라.
그리고 지금 당신이 막 하려는 행동이
첫 번째 인생에서 이미 그릇되게 했던
바로 그 행동이라 생각하라.

— 빅터 프랭클 Viktor Frankl

- 우는 법을 잃어버린 당신에게 _ 238쪽

따라쓰기

생각쓰기

실행쓰기

093 Day
아픔을 극복하는 첫걸음

어두운 방 안의 무서운 형체에 놀랐다가
막상 불을 켜고 보니
아무것도 아니어서 안심했던 경험이
누구나 한 번쯤은 있을 것이다.
고통 역시 그 정체를 알아야 극복할 힘이 생긴다.
무엇이 나를 이토록 힘들게 하는지
알아내기 위해서는
우선 그 고통을 마주해야 한다.

• 그만 아프기로 했다 _ 21쪽

따라쓰기

생각쓰기

실행쓰기

094 Day

이 무대의 주인

인생이라는 무대에서 우리가 맡아야 하는 배역은 단 하나, 주인공의 자리뿐이다. 연기가 서툴든 대사를 잊어버리든 간에 나를 대신해 해결해 줄 사람은 아무도 없다. 어떻게 해야 할지 알아서 판단해 가며 연극을 끌어가야 한다. 그러는 동안 찾아오는 긴장과 설렘, 때때로 찾아오는 환희를 느끼는 것도 무대 위에서 최선을 다한 사람만이 받는 선물이다.

가끔은 인생이 일인극 같다는 생각을 한다. 가족도 친구도 심지어는 나를 스쳐가는 엑스트라 한 명 없이 혼자 움직이고 있다는 느낌에 외로움이 찾아오기도 한다. 그럴 때는 잠시 쉬어도 좋다. 언제든 숨을 돌렸다가 다시 시작하면 된다. 다만 그 무대가 자신의 것이라는 사실만 잊지 않았으면 한다.

- 그만 아프기로 했다 _ 111쪽

따라쓰기

생각쓰기

실행쓰기

095 Day

진짜 나를 찾을 때

보이는 것에 치중하면
본질을 깨닫지 못하고
목적 없이 가장자리만 맴돈다.
내 삶의 가치를 잃어버렸거나
알지 못한 채 살아왔기 때문이다.
내 안의 진정한 내가 없기 때문이다.

우리는 진짜 자신을 찾기 위해
온 감각을 집중해야 한다.
눈을 가리고 귀를 막고 있었던
가짜 자신을 벗어버릴 때가 되었다.
지금이 바로 자신의 민낯을 마주할
용기를 낼 때다.

• 그만 아프기로 했다 _ 124, 125쪽

따라쓰기

생각쓰기

실행쓰기

진정한 내 모습

불안은 얼마든지 극복할 수 있는 정서다.
예상과는 다른 내 마음의 모습에
당황하고 도망치고 격렬히 싸울 수도 있다.
하지만 그 과정 끝에는
보여주기 싫은 나의 진정한 모습이
똑바로 보인다.
보여주기 싫은 나의 모습이 싫지 않을 때
그리고 '나'에 대한 인식이 올바로 섰을 때
비로소 자기다울 수 있다.

● 마음을 안아준다는 것 _ 186~187쪽

따라쓰기

생각쓰기

실행쓰기

097 Day

매주 매일 위대해지는 방법

삶의 이유는

물질적인 가치를 추구하는 데에서만

찾을 수 있는 것이 아니다.

세상을 바꾸는 원대한 목표나

철학적인 것도 아니다.

그저 오늘 하루를 열심히 살고

자신과 가족을 위해서 살면 된다.

그렇게 소박하지만 또 하루 삶을 이어가는 것이

삶의 이유이고

이것이 모여 곧 위대한 삶이 된다.

• 그만 아프기로 했다 _ 201쪽

따라쓰기

생각쓰기

실행쓰기

098 Day

나는 나를 믿는다

살아가면서 가장 중요한 일은
나 자신을 믿는 일이다.
도전하지 않는다는 건
나 자신에게 믿을 기회를 주지 않는 것이다.
따라서 우리가 정말 두려워해야 할 것은
실패가 아니라 포기다.
자발적인 나의 의지로 도전하게 되면
결과가 어떻든
'나는 나를 믿었다'라는
황금 같은 경험이 남는다.

• 마음을 안아준다는 것 _ 101쪽

따라쓰기

생각쓰기

실행쓰기

'자기만의 나'로 살기

당신은 당신 자신으로 살고 있는가.
'누구의 나'가 아닌
'자기만의 나'로 살고 있는가.
주변 사람의 시선으로 자신을 보고
그들의 말로 스스로를 규정하는가.

진짜 나로 살지 못한다면
100만 번을 산들 무의미한 것이
인간의 삶 아닐는지.
내가 나로서 살아갈 때 비로소 삶은
진정한 웃음과 눈물, 그리고 행복을 가져다준다.

- 내 마음을 읽어주는 그림책 _ 34~41쪽

따라쓰기

생각쓰기

실행쓰기

100 Day

기적의 순간

기적은 순식간에 찾아온다.

아니, 내 안에서 올라온다.

이런 기적의 순간에는

세상의 모든 허물이 나에게 와 새롭게 해석되고

나의 가장 귀한 것들은 세상에 다 주고 싶다.

이런 고결한 마음이 내 안에서 파룻파룻 일어난다.

벅찬 기쁨과 열정이 솟아오른다.

시간의 대가를 지불할 때

치유의 기적은 온다.

기적은 나로부터 만들어진다.

- 괜찮아, 아직 청춘이잖아! _ 177~182쪽

따라쓰기

생각쓰기

실행쓰기

글을 마치며

앞으로 더 나아갈 '용기'를 모으는 연습

세계대전 당시 외상후 스트레스 장애인 PTSD로 수많은 환자가 고통을 호소했습니다. 부상당한 병사들의 몸은 의학으로 호전되었지만 참혹한 전쟁에 무너진 마음은 회복되지 않았습니다. 이를 안타깝게 지켜보던 간호사들은 한 가지 생각을 해내게 됩니다. 그것이 바로 '비블리오테라피bibliotherapy'라고 불리는 독서치료요법입니다.

간호사들은 환자들에게 자신의 기억을 되짚어볼 무언가를 통해 회복으로 이끌기 위해 성경을 안겨주었습니다. 환자 중 몇몇은 그 책을 별 뜻 없이 읽다가 어느 순간 문장들을 자신의 노트에 적기 시작했습니다. 그러면서 그들의 마음에 평정심이 찾아들었고 더 깊이 잠들 수 있게 되었습니다. 어떤 환자들은 마음에 드는 글귀를 따로 모아두었다가 다른 이에게 선물하기도 했습니다. 아픈 자들의 서로를 위한 애틋한 응원은 또 하나의 큰 자양분이 되기에 충분했습니다.

현대 사회를 전쟁에 비유합니다. 총과 칼만 안 들었지 전쟁보다 더하다고도 합니다. 이렇게 되니 현대인들은 온갖 에너지를 끌어올려 생활할 수밖에 없고 급기야 번아웃 증후군을 맞게 됩니다. 주요 증상으로는 만성 피로, 무기력, 업무에 대한 흥미 상실, 집중력 저하, 수면 장애 등이 있습니다. 이런 증상은 시간이 지남에 따라 더욱 심해지며 결국 우울증으로 발전할 수 있습니다. 우울증은 번아웃보다 더 심각한 문제를 동반하는 경우가 많은데 지속적인 슬픔, 절망감, 흥미와 즐거움 상실, 자존감 저하 등이 그것입니다. 번아웃과 우울증 증상은 신체적·정신적 건강을 모두 악화시키며 삶의 질을 크게 떨어뜨립니다. 그래서 무엇보다 관리가 필요합니다.

병원에 가서 상담하고 약을 처방받는 것도 나쁘지 않지만 무엇보다 자가 치료만큼 중요한 것은 없습니다. 우선 첫 번째로 운동을 통해 스트레스를 외부로 빼내는 발산기법을 생각해 볼 수 있습니다. 운동으로 혈류를 촉진하고 뇌에 긍정에너지를 끌어올려 세로토닌이나 도파민 같은 호르몬을 방류하게 합니다. 두 번째로 취미를 갖는 것입니다. 악기, 그림, 춤 등을 배우며 일에만 집중되어 있던 에너지의 방향을 다른 쪽으로 열어주는 기법입니다. 그런데 이 두 가지 방법은 사실 실패할

확률이 높습니다. 이를 해내기 위해서는 마중물의 에너지가 필요하기 때문입니다. 기본적인 에너지까지 바닥난 사람에게 운동이나 배움을 요구하는 것은 또 하나의 폭력이 될 수 있습니다.

그런 면에서 나는 무심한 '한 문장 테라피'를 권하고 싶습니다. 처음에는 하루에 한 문장을 읽는 것부터 시작합니다. 한 문장 테라피용 책은 하루가 시작되는 공간에 두는 것을 추천합니다. 읽다가 마음에 드는 문장을 만나면 따라 적어봅니다. 예쁜 편지지나 엽서에 적어보거나 누군가에게 선물할 수도 있습니다. 더 나아가서는 그날의 한 문장과 데이트하는 것입니다. 좋아하는 장소에서 마음을 이끄는 한 문장을 머릿속으로 담고 입으로 되뇌는 시간을 가져보도록 합니다. 이는 내 삶을 위로하며 앞으로 더 나아갈 '용기'를 모으는 연습 시간이 되어줄 것입니다.

  하루하루가 모여 100일이 될 때쯤! 회복과 용기의 시간을 거쳐 단단해진 마음의 장이 확장되고 더욱 풍부해진 자신을 발견하게 될 것입니다. 그리고 사랑을 담아 고백하게 될 것입니다.

  '내가 이렇게나 예쁘구나.' — END

이 책과 함께한 김영아의 출간 도서

《놓치는 아이 심리 다독이는 부모 마음》, 쌤앤파커스, 2023

발달과 양육을 알아야 내 아이가 바로 선다

양육 불안을 잠재우는 마법 같은 책!

이 책은 발달심리 전반에 대한 폭넓은 이해와 전문 지식을 바탕으로, 아이의 성장 단계에 따른 행동 변화와 심리적 특성 등을 그림책을 통해 알기 쉽게 설명합니다. 가정에서 긍정적으로 적용해 볼 수 있는 다양한 양육 방식을 정리, 소개하고 있습니다.

《우는 법을 잃어버린 당신에게》, 쌤앤파커스, 2022

심리학과 그림책이 전하는 위로

이 책은 누구나 쉽게 접할 수 있는 그림을 통해 익숙하지만 늘 낯설기만 한 프로이트와 융의 이론에 고개를 끄덕이게 합니다. 그 이해의 깊이 역시 심리학 전문 서적에 버금가 쉽고 빠르게 지적 포만감을 채우게 합니다.

"저자의 통찰에 경의의 고개를 숙인다. 책에 담긴 장면들 하나하나가 독자의 마음속에 기억될 것이다."_김경일(교수, 인지심리학자)

《마음을 안아준다는 것》, 마음책방, 2021

말 못하고 혼자 감당해야 할 때 힘이 되는 그림책 심리상담

"시도 때도 없이 울컥하고 감정 조절이 힘들어서 그림책 상담을 받았습니다."

이 책은 '나'를 만나기 위해 떠났던 상담 여행의 기록으로 그림책 심리 상담을 통해 주변에 말도 못하고 혼자 감당해야 했던 문제로부터 자유로워지고 심리적으로 힘들었던 사람들의 마음을 안아주고 있습니다.

이 책과 함께한 김영아의 출간 도서

《그림책으로 아이 마음 읽어주기 엄마 마음 위로하기》, 사우, 2019
한국의 대표 독서치유심리학자 김영아 교수의 심리 특강
엄마와 아이가 함께 행복해지는 그림책 육아!
"그림책을 아이와 함께 읽으면 아이 마음을 이해하고 보듬어줄 수 있다. 마음을 읽어주면 신기하게도 아이가 달라진다."

《그만 아프기로 했다》, 라이스메이커, 2019, 절판
모든 것에 지쳐버린 나 데리고 사는 법
'애썼고 노력했고 참아왔지만 상처만 남은 내 마음에게'
이 책은 빅터 프랭클 심리학을 바탕으로 우리가 아픈 이유에 대해 짚어보고 그것을 어떻게 극복할 것인가에 대해 이야기합니다. 상처를 어루만지고 단단한 나로 일어서게 해서 삶의 숱한 질문들에 답할 수 있게 해줍니다.

《내 마음을 읽어주는 그림책》, 사우, 2018
지금 이대로의 나를 사랑하게 되는 그림책 치유 카페
우울하고 불안한 당신에게 드리는 그림책 처방!
이 책은 20개의 심리적 문제와 그에 해당하는 그림책을 다루고 있습니다. 하나의 이야기가 끝날 때마다 미처 모르고 있던 나 자신을 알아가고, 내가 느끼는 여러 감정의 실체를 이해하게 됩니다. 그림책의 감동과 심리학의 만남이 만들어내는 놀라운 치유 효과를 느낄 수 있습니다.